一頁 folio

始 于 一 页 ， 抵 达 世 界

中国文化通识

Chinese Culture

人性与现代性

Its Humanity and Modernity

钱锁桥 著

辽宁人民出版社
GUANGXI NORMAL UNIVERSITY PRESS
广西师范大学出版社

献给钱思齐

序 言

本书为中国文化通识读本，亦为中国文化导引之述评，英文版对象原为大学本科生以及对此感兴趣的大众读者，中文版对象可以扩大至高中生。

先要解题，因为“文化”“中国”和“评”（批评、评论），这些词都需要解释一下。

我们今天说的“文化”，是一个现代汉语新词。一方面，去文言、倡白话以来，现代汉语引进了大量新词，往往是借用日语译西文的词语。文言不用“文化”一词，但也不是说以前就没有“文化”的概念。另一方面，经过一百多年的使用，人们也已经习以为常，不再时刻惦记着这是“外来新词”。也就是说，我们今天谈“文化”，和西人语境中的概念没有本质上的区别。

我们现在基本上有两种谈“文化”的方式。最为流行、占主导的是人类学和社会学的方式。自美国文化人类学之父博厄斯（Franz Boas，1858—1942）以来，“文化”被当作某种“客观”存在物，一个民族的有形或无形资产。博厄斯的门徒在20世纪给文化作了各种各样的诠释和发挥。比如，克鲁博（Alfred Louis Kroebe，1876—1960）和克拉克洪（Clyde Kluckhohn，1905—1960）曾于1952年总结了一百六十多种“文化”的定义。之后还有更多的学派（诸如结构主义、后结构主义、文化研究……）提供更多的视角。但一些基本的假定都是一致的。他们声称这样来看文化是“客观的”“进步的”：反对种族主义、反对精英主义、尊重文化相对论、欣赏“文化差异”。从人类学家对美洲土著印第安人的凝视开始，这套文化话语已经被广为接受，包括对中国文化的解释亦如此。

用这种方式看文化，中国文化就变成了“中国工艺”“中国功夫”“中国绘画”“中国建筑”“中国服饰”“中国家具”“中国音乐”，等等。[1]中国人自己也是用这种方式来写中国文化概论之类的书，强调中国的青铜器、汉字等。这里有一点小小的吊诡。人类学家研究他者的文化，试图做到客观，并能欣赏其差异性，而中国人拿此套路来看自己的文化，

---

1 这些都是剑桥大学出版社三十卷 *Introductions to Chinese Culture*（《中国文化导引》）某些卷本的书名。

却不免都带有民族主义的色彩（看，我们的国宝！）。再者，人类学家要力求客观，摆脱对他者文化的偏见，但用这套方式来看中国文化好像适得其反。如果国外大学生在学汉语之外又上了“中国服饰”或“中国家具”之类的中国文化课，然后到中国留学，一看，傻眼了，完全不是那么回事儿，中国人穿的和用的与他们没什么两样。我希望这本书千万别给读者造成这种反差。

西方还有另一种“文化”观，也是普遍被接受的，而在中国语境里，可能尤为如此。中国人讲到“文化”，往往是指某人有没有文化，这倒不是说一定要得到某个学位（虽然现在说某人“有文化”，恐怕大家都假定他应该上过大学），而是说他得具备一些特质。一般来讲，要见多识广，对中国和世界都要有所了解（如果只是背诵中国古籍里的段落，这早就不能算什么了），而且还要有一种能体现你知识渊博的气质和格调，用文言一点的话说，就是要“知书达理”。这当然和传统儒家文化修身养性礼义廉耻的脉络有关，但同时也是中国文化经历现代转型跟世界文化接轨的结果。其实，在人类学意义上的文化观大行其道之前，欧洲的浪漫派（尤其是德国和英国的思想家）便对“文化”有一系列阐述。著名的如康德，他用德语 Bildung（教养、修养、文化）来界定启蒙的意义，称之为人类走向成熟的一个“勇于去认识世界”的过程或事件。19 世纪最著名的文化评论家当推英人马修 · 阿诺德，他对文化的著名论述是：文化就是一种尽善尽美之追求，去了解世界上一切和我们相关的、已被前人所思所述的佳品。在此意义上，文化和“文明”的含义很近。中国现代有一位杰出的跨文化评论家叫辜鸿铭，深受阿诺德的影响，他在力图阐释“中国人的精神”时，有如下论断：

> 在我看来，要判断一个文明的价值，我们归根结底要问的问题，不是它是否已经建造出或能否建造出怎样繁华的都市、怎样豪华的房子、怎样宽敞的公路；也不是去问它是否已经造出或能否造出怎样优雅舒适的家具、怎样精巧实用的工具或器械；甚至也不是去问它发明了怎样的机构、怎样的艺术和科学。要判断一个文明的价值，我们必须问的问题是：它造就了怎样的人性、怎样的男人和女人。[1]

本书对“文化”的把握更接近阿诺德/辜鸿铭的文化评论脉络，但有两项重要修正。辜鸿铭认为，要了解中国文化，就是要去剖析“中国的男人和女人”（有时他直接用英文 Chinamen——“中国人”，但该词现在被认为带有种族歧视色彩）——不是去看所谓“中国人的特征”，而

1 Gu Hongming (Ku Hung-Ming), *The Spirit of the Chinese People*, Peking: The Peking Daily News, 1915, p.1.

是要有批评能力透视“中国人的精神”。辜鸿铭在20世纪初努力呈现的“中国人”在当时已经是一个濒临消亡的物种，取而代之的是一种新型的人性，这是他自己说的。因此，本书要回答的基本问题或许可以这么说：一个海外的大学生从未去过中国，现在准备去中国留学，还有可能交一个中国朋友，他应该学一点怎样的提纲挈领式的“中国文化”，而这种文化可能会在他要结交的中国朋友身上体现出来？一旦如此聚焦，我们马上便发现，“中国功夫”“中国服饰”，甚至中国书法之类的话题无关紧要。这位大学生所要碰到的中国朋友就是辜鸿铭所谓“新型的人性”之产物，产生于中国文化一个半世纪以来、目前仍处于进行时状态的剧烈的现代转型。

一谈起“中国文化”就想到“功夫”或“孔子”，这肯定是误导。20世纪第一个十年后期兴起的新文化运动彻底改变了中国文化的属性，在很大程度上界定了当下中国文化的种种特征，比如现代汉语就是由新文化运动敲定的，而且它在根本上是一场激烈的反传统、反儒教的运动。主导中国20世纪很长一段时期的意识形态也是彻底的反传统、反儒教的，虽然也不是说传统文化就被彻底清除掉了，因为转型并不是取代，传统文化虽然经过解构式攻击甚至政治运动的清洗，但很多因子仍在发挥作用（无论是好或是坏）。这意味着，在我看来，就对当下中国文化的形成所产生的作用来讲，一个半世纪左右的现代转型经验甚至比几千年的传统遗产更为重要。在此意义上，本书有别于一般的概论性“中国（简）史”或“中国文明史”。这里没有一个朝代接一个朝代讲述重大历史事件或成果，而是着重关注那些对当下的中国文化至关重要的，且在个体的中国人身上还会以某种方式体现出来的元素。在讲到传统文化资源时，历史其实是倒过来看的，套用法国哲学家福柯的话，这叫“当下的历史”。也就是说，这里探讨的传统因子仍然是当下中国文化的有机成分，而不只是博物馆收藏品。

假如把阿诺德所谓“文化乃一切已被前人所思所述之佳品”套用到中国语境，带着一种民族主义的自豪感来盛赞中国文化的成就，我必须坦诚，这不是本书的目的所在。毋庸置疑，现代中国民族主义的兴起自有其正当的理由，但一个知识分子对任何议题——包括民族主义的议题——还必须有批评的态度。其实，“批评”正是阿诺德遗产的重要部分。阿诺德在其著名文论《论现代批评的职务》（“The Function of Criticism at the Present Time”）中阐明，何为“前人所思所述之佳品”，只能通过公正而不带偏见的批评，即通过“认清对象的真相”（see the object as in itself it really is）去理解。不知是巧合还是有意为之，现代中国的跨文化批评家林语堂曾以同样的标题发表了一篇中英双语文，进一步阐述“批评”在中国文化现代转型中所起的关键作用。在林语堂看来，批评是现代文化之所以为现代文化的标志，无论在东方还是在西方，传统文化都要仰仗圣贤的权威，而到了现代，取而代之的是叔本华、尼采、易卜生、托尔斯泰和萧伯纳这样的思想家。其实我们也不能完全依赖这些伟大的思想家。面对纷繁的现代生活，我们还必须学会自己思考问题，作出自己的判断。“自然我们还有精神界的领袖，但是这些领袖的地位，已非如往昔的圣贤，其得我们的信从与否，其权全操在我们。这去取之权，都在我们思想界的平民的手中，而我们所赖以行去取抉择的权，又全在我们的批评能力。”[1] 中国文化要从现代转型中达至成熟，我们每一个人都要培养出批评能力，来面对现代生活在道德、习俗以及机构等各方面的变化与挑战。因为我们已经生活在全球化时代，现代文化必定是跨国的，相互渗透的：

> 这个批评的文化是现代各国所共有的，不是哪一方哪一国所独有，各国都是世界人文思想共和国的一员。[2]

本书将遵循阿诺德/林语堂的批评姿态，就一些关键

---

1 林语堂：《论现代批评的职务》，《小评论：林语堂双语文集》，钱锁桥编，九州出版社，2012 年，第 14 页。

2 林语堂：“The Function of Criticism at the Present Time”，《小评论：林语堂双语文集》，第 6 页。“各国都是世界人文思想共和国的一员”为该文中文版所无。

议题，诸如历史、语言、管治方式、自我修养、人生美学、民族主义、普世主义、中国的崛起及其软实力等略作述评，以助学生和大众读者进一步探索反思。我对读者最起码的期望是：不要再把中国文化当作一个他者，哪怕是一个更好的他者——西方有许多自以为“进步”的人士认为自己所处的文化一无是处，于是往往把中国文化假想为美好的他者。真正进步的做法是把中国文化认真地当回事——作为“世界人文思想共和国的一员”。

目 录

第一章

中国文化属性：历史和语言

今天的世界大家庭里，有约七十五亿人生活在地球上。中国、欧洲、美国各自所占的疆域差不多，大约一千万平方公里，但中国有十四亿人，欧洲是中国的一半（约七亿），美国又是欧洲的一半（约三亿五千万）。换句话说，如果我们这个世界大家庭拍一张全家福，大约每五个成员就有一个中国人。我们不禁会问：这中国人是什么样的人啊？有哪些文化要素使中国人形成一个民族？我们和其他民族又有什么不同？

要回答这些问题，让我们先看一看两个最基本的文化元素：历史和语言。

历史悠久的民族

中国人之所以为中国人，是因为我们共享一段历史、源自共同的祖先，一直延续至今。这在世界大家庭中是相当独特的。中国人称自己为“炎黄子孙”，而且对这种文化谱系相当自豪。这种说法虽然有民族主义色彩，却是符合史实的。中国最早的一些史书都有记载，黄帝最先创建了某种政体，管辖普天下的子民——也就是我们今天所说的“中国人”。到了汉代，出了一位伟大的历史学家司马迁，他的《史记》开篇便是《五帝本纪》，先写的便是黄帝的传记。《史记》从中国的远古时代一直记到司马迁所处的汉代，既是考证严谨的史实记录，也是文笔生动的史诗性巨著，永久地注入了中国人的集体意识。中国人很早就懂得历史的价值与分量，十分自觉而认真地修史。比如孔子，他是中国文化最伟大的导师，对中国文化各方面都有杰出贡献，但他自己最看重的是晚年编修的《春秋》，一部枯燥乏味的史书，流水账似的把他家乡鲁国的事件一一记录在案。孟子曾记载说，孔子《春秋》出，“乱臣贼子惧”。

那么，这种深厚的历史感对中国文化属性的形成起到了多大的作用呢？要回答这个问题，首先得对中国历史有一个基本的了解。中国历史源远流长，延续至今，这点当然很重要，但也不是说其间一直没有变化。其实变化才是永恒的，所谓“易不易”。如果我们现在用长焦距往回看，可以看到在中国历史的长河中有两个剧烈变化期，这种变化基本奠定了以后长时期的发展。根据这两个断层，中国历史可以基本分作三个阶段：（一）古典期，从黄帝一直到战国时期，春秋战国时期是古典秩序崩溃的时代；（二）朝代期，从秦始皇统一中国，建立起新的朝代秩序，一直到最后一个朝代清朝的晚期，其间经历过许多次改朝换代，但基本上延续同一个秩序；（三）现代期，从 1840 年鸦片战争至今，船坚炮利的西方列强把中国打成一个民族 / 国家，中国成为“万国”的一员，而在这之前，中国一直自认为是独一无二的“文明”。

古典期包括两个部分，分别是远古时期及其战乱崩溃的阶段。前者指五帝（从黄帝到尧舜）和三代（夏商周）。周代建立于公元前 1046 年，大约三百年以后开始崩溃，之后中国经历一段大约五百年的战乱期，先是上百个小国林立（称作“春秋”），随后大约是七个大国竞争（称作“战国”），最后秦国获胜，于公元前 221 年建立秦朝。古典秩序对中国文化传统的意义可比古希腊文化对欧洲文艺复兴的意义，只是其间没有一千年的基督教秩序。另一方面，古典期的中国文化与社会，同中世纪欧洲有很多相似之处：两者都是封建社会体制，宗教在人们的生活中起着至关重要的作用，可以说政教不可分割。基督教在明代传入中国时，很巧妙地用“上帝”来翻译“God”，因为这个词在中国的古籍里就有，用于指称远古时期中国的宗教生活。但是，这种具有强烈宗教意味的封建秩序到周代中期开始瓦解，中国文明出现了危机。有危就有机，正是这段瓦解期酝酿了中国文化的复兴，使中国文化走出战乱与沦丧，从而奠定以后两千年的基本秩序。春秋战国虽然各国争雄，战争不断，但同时也是“百家争鸣”的时代，各种思想互相切磋、争论，各有特色，互不相让。“百家”中最后有三家对中国文化产生长远影响，分别是儒、道、法，即以孔子和孟子为首的儒家，以老子和庄子为首的道家，以及以韩非子为首的法家。大约一千年以后，中国文化又受到来自“西方”的佛教的强大冲击，进入一段长时期的同化、融合过程，最后使佛教成为中国文化的一脉，所谓“三教合一”。

在春秋战国的“百家争鸣”之前还有一个远古时代，这一点很重要。也就是说，中国文化在孔子之前已经有大约两千五百年的历史，在孔子之后又有两千五百年。如果不是这样，也就谈不上复兴。孔子毕生的努力都是要恢复古典秩序，所谓“克己复礼”，就是要恢复周代之礼仪秩序，以纠正道德败坏、穷兵黩武的当下。可是孔子一辈子的努力都失败了。在朝代期儒家思想受到“独尊”时，那已经是一个不同的秩序。然而，在朝代期，古典秩序仍然是朝代秩序的重要指引和标准。中国文化曾经一直秉持一种向后看的“原始史观”，而不是崇尚向前看的“未来史观”：

中国人的“黄金时代”永远都是黄帝和尧舜统治的圣贤时代。黄帝，特别是尧舜，一直被奉为文化英雄，这一文化意义长久而深远。

司马迁的《史记》开篇便追本溯源，描绘中国人的先祖。当然，这里没有《圣经·创世记》中的故事。开篇第一章《五帝本纪》主要讲的是黄帝、尧、舜的故事，从中我们可以窥探他们作为“文化英雄”都有什么样的品质。司马迁是这样介绍黄帝的：

> 黄帝者，少典之子，姓公孙，名曰轩辕。生而神灵，弱而能言，幼而徇齐，长而敦敏，成而聪明。

> 黄帝是少典族的后代，姓公孙，名轩辕，生来有如神助，很有灵气，婴儿时就能开口说话，儿童时是个机灵聪明的家伙，长大后敦厚诚实、勤奋好学，而作为成人，他博闻多识，能够明辨是非。[1]

黄帝的功劳主要在于平叛后一统天下，以善治德治给百姓带来和平与安详的生活。黄帝时各地诸侯互相侵伐，其中有一位叫蚩尤，司马迁说他“最为暴”。轩辕“修德振兵”，与蚩尤大战于涿鹿之野，一举歼灭蚩尤。于是，“诸

1　本书白话译文皆为作者自译。

侯咸尊轩辕为天子，代神农氏，是为黄帝”。上位后，黄帝的治理能力也很出色：

置左右大监，监于万国。万国和，而鬼神山川封禅与为多焉。

他设置“左大监”和“右大监”来监督各地诸侯。大小诸侯国之间都平安相处，因而祭祀鬼神山川的活动比历代都多。

这里我们可以看到，黄帝不光是位骁勇善战的将军，也是位能干的治理者，让“万国”和平、百姓安康。除了管人事外,黄帝的职责还包括要对“鬼神”和“山川”负责。《五帝本纪》的重点显然是讲尧和舜的故事。在中国文化传统中，尧舜比黄帝更有名。太史公引介尧时毫不吝啬笔墨：

帝尧者，放勋。其仁如天，其知如神。就之如日，望之如云。富而不骄，贵而不舒。黄收纯衣，彤车乘白马。能明驯德，以亲九族。九族既睦，便章百姓。百姓昭明，合和万国。

帝尧就是放勋。其仁爱如天，其智慧如神。接近

> 他，像太阳般温暖，仰望他，像白云般高洁。他富而不骄，贵而不傲。头戴黄帽，身披黑袍，乘红车驾白马。他以身作则，明明德以昭天下，使九族和睦；九族和睦了，又明令百官守则，于是百官各尽其职，万国和睦天下太平。

但是，帝尧最大的美德在于禅位于舜，这是太史公重点着墨之处。

尧年事已高，天下又面临洪灾，于是问大臣谁可以替换他来管理国事。大臣们都推荐尧的后代，但是推荐一个便被尧拒绝一个，理由要么是无能，要么是人品不行。最后大臣们只好说："帝尧，你起码应该选其中一个试一下吧。"尧只好听他们的，选了自己的一个儿子来治水，但九年以后，没什么成就。尧再次召集大臣，道：我在位已经七十年了，我不管了，你们来吧！大臣们个个急忙回道：这可不行，我们哪行啊！尧给了大臣们一个激将法：那你们赶快给我举荐能人，要普天下直荐，不要管他出身于贵族还是平民。于是，大臣们推荐了一位平民，还是单身汉，名叫舜：

> 舜父瞽叟盲，而舜母死，瞽叟更娶妻而生象，象傲。瞽叟爱后妻子，常欲杀舜，舜避逃；及有小过，则受罪。顺事父及后母与弟，日以笃谨，匪有解。

舜的父亲是个瞎子，母亲早亡，父亲再娶生了个儿子，名叫象，这个象性格傲慢骄狂。父亲偏爱后妻及其子，经常想要杀舜，舜只好避逃；平时舜一有点小过错就必定遭罪。但舜还是恭顺地侍奉父亲、继母和弟弟，谨慎又谨慎，日日如此，从不懈怠。

尧于是把两个女儿嫁给了舜，自己退居后台，观察舜的为人处世之道以及治理国家的能力，长达二十年。之后，尧彻底退位，把天下交给了舜。太史公这样评道：

尧知子丹朱之不肖，不足授天下，于是乃权授舜。授舜，则天下得其利而丹朱病；授丹朱，则天下病而丹朱得其利。尧曰："终不以天下之病而利一人"，而卒授舜以天下。

尧知道自己的儿子丹朱不配做国家元首，所以把天下授予舜。把天下授予舜，对天下有利，但对他儿子没利；假如授予他儿子，则对他儿子有利，但对天下没利。尧说："我总不能为了一个人的利益而害了整个天下吧！"

舜世代都是平民，但他特别孝。他可不是一般意义上的孝子，而是大孝。舜面对刻薄的、欲杀之而后快的父亲、继母，只有无比宽广庞大的爱，他爱他家庭的每一个成员："欲杀，不可得；即求，尝在侧。"（家里人要杀他时，舜总是做到不在场；一旦家里人有事相求，舜立马出现在他们面前。）尧把自己的女儿嫁给舜后，舜也能确保她们在公婆面前保持礼数，不要因为贵族的身份而有所怠慢。但这些还都不够。他的父亲、继母和弟弟还是要串谋把他置于死地而后快。有一次，父亲叫舜上屋用泥涂抹谷仓，自己却在下面放了一把火。舜也沉得住气，撑起两个斗笠像雨伞一样跳了下来，平安地走开了。又一次，父亲让舜挖一口井。这次舜早有预备，井挖到一定深度，便挖了一个岔道一直通到野外某个出口。果然，他父亲和弟弟象一起往井里埋土。埋完后他们很得意，以为这次终于把舜给杀了，开始占用舜的财产。象来到舜的屋里，企图霸占尧的两个女儿，这时舜突然出现在他面前，把他吓了一跳。而舜还是饶恕了他们，比往常更加小心谨慎地侍奉他的父亲和弟弟。

中国文化对"孝"或"家庭价值"的执着程度在此可见一斑。儒家学说认为，社会肌理、国家的治理与治家是平行的。尧舜被经典化也就不足为奇。这个过程主要是经孔子之手完成的，从此，在中国人的心里，尧舜就是圣君典范、"文化英雄"。当然，要说中国文化的"文化英雄"，恐怕没人能比得上孔子本人。

孔子比耶稣早生五百五十一年，他在中国历史上受到尊崇不是因为他创立了某种宗教，而是因为他把文化教授给中国人。孔子是一位学者，更是一位老师。作为学者，用今天的话来说，他是位跨学科的通人，在哲学、历史、文学、艺术、音乐、人类学、政治学以及体育等各科都有卓越贡献。作为老师，他提倡并奉行“有教无类”的自由主义原则，不论学生的阶级成分（贵族和庶民一视同仁）。他身边有七十二位较知名的弟子，跟他上过学的还应该有好几百位。在周代，“文化”主要指“六艺”：礼、乐、射、御、书、数。孔子生活于礼崩乐坏的时代，周朝廷已经没有实权，各路诸侯争雄。六艺，特别是礼和乐，大多被忽视或遗忘。孔子的贵族血统，到孔子一辈早已败落，但孔子发奋学习六艺，特别是礼乐，很早就建立了学术名声，成为礼乐方面的权威。孔子好学的态度，仍然可能让今天的学生感到羞愧：有一次孔子来到齐国，恰巧碰到一张古代乐谱，便立刻一头钻进去仔细琢磨，竟然“三月不知肉味”！但孔子研究礼乐不光是为了学术，他有远大的抱负，要用自己的学问来拯救这个世界。孔子认为，只要能恢复古代（尧舜以及夏商周三代）的礼乐，就能制止当时道德败坏、战争频繁的乱世，重建基于仁义的好政府，恢复正当的秩序。孔子大半辈子都在四处流浪，带着他忠实的门徒，周游列国，苦口婆心地向各国政要讲述礼乐对良政的重要作用，而且自己也非常渴望得到权贵重用，以施展其宏大愿景。有时候，某些诸侯王爵愿意接见听听，但不愿用他。有时候，他们用了他一阵马上又把他贬了，或许是出于他人的谗言。有时候，他们干脆见都不见。有时候，他们甚至要把他杀了。还有时候，他是被重用了，但国亲王族并不按照他的原则行事，他只能带着弟子离开。观其一生，孔子仅在自己的家乡鲁国短暂地出任过三个月的总理职位，他的某些弟子也担任过重要职务，但总的来说，当时的权贵根本不把他放在眼里，哪里谈得上拯救世界。《史记》载有一段齐国某大臣对“儒”的看法，很能说明问题：

> 夫儒者滑稽而不可轨法；倨傲自顺，不可以为下；崇丧遂哀，破产厚葬，不可以为俗；游说乞贷，不可以为国。自大贤之息，周室既衰，礼乐缺有间。今孔子盛容饰，繁登降之礼，趋详之节，累世不能殚其学，当年不能究其礼。君欲用之以移齐俗，非所以先细民也。

> 儒者大多夸夸其谈之辈，不受法规束缚，不服管，傲慢不恭，自以为是。他们看重丧葬，不惜破产也要厚葬，不能让它成为我们的习俗；他们整天周游列国向权贵游说，不惜乞讨借钱也要为之，这种人不能让他们来治国。像文王周公一代的大贤早已逝去，周室已经衰败，那套礼乐也早已残缺不全、被人遗忘了。现在孔子出来说，要重新穿上那些豪华讲究的盛装，重新恢复那些烦琐复杂的上下朝礼节。要真的考究这

些礼仪，花几辈子也不一定能探明其学理，花一整年也不见得能熟练恰当运用。君主您要是想用这套学说来移风易俗，恐怕齐国的老百姓不会配合。

孔子晚年又做回学者，专心从事学术研究，编《诗经》《易经》等典籍，修自己最看重的《春秋》。有孔门弟子曾说，正因为孔子仕途失败，所以才能着重学术研究，成就斐然。但孔子本人是很看重“仕”的，有时为了寻求机会不惜通融一下原则也要去努力一番。对于自己仕途一败再败，孔子有时能幽默处之。

孔子适郑，与弟子相失，孔子独立郭东门。郑人或谓子贡曰：“东门有人，其颡似尧，其项类皋陶，其肩类子产，然自要以下不及禹三寸，累累若丧家之狗。”子贡以实告孔子。孔子欣然笑曰：“形状，末也。而谓似丧家之狗，然哉！然哉！”

孔子来到郑国，和弟子们走失了，一个人站在东门城墙上。当地有一个人对子贡说：“东门城墙上站着一个人，额头看上去像尧，脖子像皋陶，肩膀像子产，但腰以下要比禹短三寸，垂头丧气像只丧家狗一样。”子贡以原话转告孔子。孔子欣然笑道：“他说我的身材像谁像谁，我也不知道，也无关紧要。至于他说我像条丧家狗，他说得对！说得对！”

可是，孔子经常是郁郁不得志的。孔子临死都充满悲情。临死前七天，弟子子贡造访：

孔子方负杖逍遥于门，曰：“赐，汝来何其晚也？”孔子因叹，歌曰：“太山坏乎！梁柱摧乎！哲人萎乎！”因以涕下。谓子贡曰：“天下无道久矣，莫能宗予。”

孔子正撑着拐杖在家门口漫步，说：“子贡，你怎么这么晚才来啊？”孔子叹息，开始吟唱：“泰山塌，梁柱断，哲人要走了！”唱完泪流满面，对子贡说：“天下无道久矣，没人愿意听我的。”

孔子死后，孔门弟子相聚办丧，遵从孔子的教诲，举丧三年，然后各自散去。但他们没有退出历史舞台。这些“儒者”，在时人的眼里就是一些怪怪的文化专家，要人坚守丧葬礼仪，欣赏古乐。他们坚持了下来，并在中国文化的长河中不断发展，一直至今。孔子死后三百年，太史公在《孔子世家》结尾评道：

天下君王至于贤人众矣，当时则荣，没则已焉。孔子布衣，传十余世，学者宗之。自天子王侯，中国言六艺者折中于夫子，可谓至圣矣！

> 天下君王权贵太多了，在世时，个个荣华富贵，死后还有谁记得。孔子布衣学者一个，声名却传了十几代，仍备受学者推崇。自天子王侯，乃至中国所有谈六艺的人，都要回到孔子，可以说孔子是至高无上的圣人了。

司马迁距今约有二千二百年，他的评论即便放在今天，也一点不为过。这是因为，儒学经历历史的沧桑，尽管有过妥协，也有缺点，但总体来说，它是一种教导人性的哲学，倡导一种有人性的生活方式和仁道的管治模式。儒学能延续至今，因为它敢于向权贵讲人性。

其实，孔子幸亏早死二百多年。要是他在公元前 221 年秦始皇统一中国时还活着，很可能也得遭活埋。秦始皇依靠法家思想建立了一个超级国家，不仅天下要一统，思想也要一统，并付诸实施——这就是历史上臭名昭著的“焚书坑儒”。秦始皇统一中国建立秦朝，结束了诸侯割据长期混战的局面，用强大的军事力量建立了一个新秩序。但这种秩序肯定会让孔子痛心疾首，事实上，秦始皇的残暴专制在历史上一直遭到儒者的唾弃。“始皇”是秦王嬴政自封的，他期望从他开始，他建立的皇朝会千秋万代一直传下去。结果，他刚死不久，秦朝就被农民起义推翻了。他的统治实在太残暴，太不通人性。汉朝建立以后还要过几代，统治者才重新发现儒学的价值——依仁治而产生的秩序更为稳定。同时，汉儒也作了很多妥协，基本上内化了许多法家思想，因为那些仍然是政府运作的指导原则。儒学在汉代取得“一尊”地位，并在以后的朝代得到维系。虽然很多人会认为这个儒教跟孔子本人的教导已经不尽相同，但不管怎么说，从秦朝一直到晚清鸦片战争英国用炮舰敲开中国的大门，儒教基本上是中国人在个人生活和社会政治领域的指导原则。

当然，儒教在两千多年的朝代期也经历过许多挑战和转型，经历过多次朝代更替。秦汉南北朝，隋唐宋明清，每个朝代都有自己的特色，但中国文化的发展基本上依赖“百家争鸣”时期的资源，特别是儒家、法家和道家的学说，而到了第二个千年，又集中吸收、同化佛教的影响。虽然秦始皇的统治极为专制因而也很短暂，但他的统一对中国文化以后的发展影响至为深远。春秋战国持续了大约五百年，周朝廷已经失去中央统治权威，天下处于大小国林立的状态，不仅度量衡标准不一，各国风俗也都有很大差异，甚至开始有不同的书写文字。要不是嬴政一统天下，中国很可能会像文艺复兴后的欧洲，产生众多国家和语言。但是秦始皇把一切都统一了。汉朝取代秦朝后，这些统一政策全都照搬不动。在漫长的朝代期，中国产生了一种治乱循环。而每当改朝换代之时，人口便因战祸而大量缩减。

一般来讲，短暂的混乱期过后，中国又会统一于一个新的朝代。统一永远是文化共识。没人倡导把中国分成众多小国，各自独立，和平相处。或许这就是为什么朝代期延续太久，中国历史一直得不到突破。在中国历史上，统一压倒分裂，这是毫无疑问的。对统一的渴望与焦虑已经成为一种文化特征。到现代期则更甚，因为这时在传统的“统一观”外，又引入了现代民族主义意识。

中国的朝代期还有两个互相关联的特征：它是一个世俗管治政体，而且还发展出一套基于科举制的文官官僚体制。有人把中国的朝代期看成欧洲的中世纪，这很容易引起误导。中国的封建制度在秦朝统一后基本上就结束了，从此以后，贵族阶级便明显地一直衰落下去。在汉代，贵族在文化和社会上还是一个重要的因素，但随着科举制的推进，贵族便逐渐退出历史舞台。科举制建于隋唐，在宋朝得到全面发展，明清则全面繁荣。科举制下，中国社会的精英毫无疑问都是这些读书人——史称“士大夫”，而中国文化也都是围绕这些士大夫的产物。中国文学艺术的绝大部分都是出自士大夫之手，讲士大夫的事情，阅读消费对象也都是士大夫阶层。科举制根本上说是一个民主的机制，目的是为朝廷选才，通过考试的方式普选。考试主要是考儒家经典，考试对象没有政审，谁都可以报考（准确地说是所有男性）。考生要通过三个档次：地方乡镇级的“院试”、省级的“乡试”以及全国性的“会试”，通过后授予相应的头衔——秀才、举人和进士，与现代世界通用的学士、硕士、博士学位很相似。不同的是，当时科举筛选出来的士大夫都是要“仕”的。科举制虽然在1905年被废除，但今天中国的高考仍有科举的遗风，单从公平的角度讲，也是不论阶级背景不分男女都可以考。中国人对子女的教育格外重视，从历史角度看，这一点也不足为奇。

在人类史上，两千多年的朝代期有点长，也许太长了。由此看来，中国传统文化是比较保守的，虽有耐力，不断休整重装，生命力强，但也缺乏突破的动力。在中国历史上有两次可能的突破，一次是宋代，另一次是晚明，但都没成功。真正的突破要等到1840年，大英帝国的势力一直触及离本土最远的东方——“远东”（从欧洲中心出发的地理概念）。为了保护本国鸦片商的利益，它不惜遥遥万里让英国皇家海军炸开了中国的海防。中国被迫惊醒，睁眼看到一个全新的世界，却发现自己面临“自孔子以来前所未有的危机”。中国由此进入现代期。虽然现代期还不到两百年，但对当下中国文化的形成产生了巨大的影响，其力度不亚于之前两个时期加起来的影响。最近一百五十年以来，中国文化产生了剧烈震荡和变化。当下中国文化可能还有很多缺陷，但有一点是不缺的：活力。

尽管中国历史源远流长，中国文化初看上去简直是一幅全新的现代景象。海外游客初到中国一些大城市，甚至三四线城市，迎面扑来的是一栋栋高楼大厦，到处是麦当劳、星巴克。中国的高科技公司正在不断创新，极大地改变着人们的生活方式，在很多方面，往往比西方要快一步。如果海外游客还带着东方主义的猎奇心态，来看一个古老的、新鲜的国度，那肯定是要失望的。当下的中国文化是一个杂交混合的文化，既有新的也有旧的，既有古代的也有现代的，而且，这种融合杂交仍是一个现在进行时。

虽然是一个动态的胶着状态，我们还是可以勾勒出中国现代性的轮廓。中国现代性是三股思潮（民族主义、普世主义与共产主义）及其实践相互交汇，以及与传统文化相互交汇的过程。

现代性是由西方的坚船利炮强加给中国人的，随之而来的，还有传教士、军事顾问、现代技术以及各种源自西方的思潮，诸如进化论、民族主义、浪漫主义、无政府主义、社会主义，等等。换句话说，一个全新的世界呈现在中国人面前，而且强势地渗透到中国人的世界里。中国人对这种强势渗透的反应，关键词不是抵抗或对抗，而是自省和吸纳。中国知识界的态度总体来说是普世主义的：译介、吸纳、融合。这种姿态本来就是儒家底色。

儒家的世界观从来都是普世的，是“天下”观，而不是专门为“中国人”设计的学说。在孔子的时代，已经有“夷”的概念，指中国周边的少数族裔。孔子实行“有教无类”，不管你的阶级和族裔身份，其道德哲学本身就颠覆了夷夏的对立。按照儒家学说，即便你是来自“夷”地，只要遵循道德原则并身体力行，你就是有文化的君子；相反，即便你是贵族身份，假如言行无礼，你就还是蛮，还是“小人”。有一次，孔子遇到挫折，心情沮丧，就对弟子说，还不如远走高飞，出国去“九夷”之地。弟子回道：那种地方条件很差，风气粗俗，怕你老人家不习惯啊。子曰：“君子居之，何陋之有？”（《论语·子罕第九》）

换句话说，当西方的技术与思想涌入时，中国其实并没有所谓的“本土资源”用来作“抵抗”，使之异化为“他者”。相反，中国人把科举（专学儒家经典，已行之千年）给废了，把成千上万的学子送到海外留学。这些学子回国后发起新文化运动，提出“德先生”（民主）和“赛先生”（科学）这两个中国现代性最有力的关键词。

现代中国知识分子拥抱西学，引进科技，提倡自由民主，并不意味着他就不是一个民族主义者。相反，在现代中国知识界，要拯救中国不被瓜分和彻底殖民化，这种民族主义情怀乃不分派别共享之情结。当中国人被迫睁眼看世界时，他们发现自己在这个世界的处境岌岌可危，世界列强都虎视眈眈盯着中国广博的资源和投资机遇，即便不能独吞，也都想分一杯羹。虽然中国没有完全变成某国的殖民地，也还是落入半殖民地的状态。但是，中国民族主义之父孙中山先生却不这么认为。他说中国人称自己为“半殖民地”，那是自欺欺人，应该称中国为“次殖民地”，比殖民地还要低一等，殖民地伺候一个主子，中国却要伺候多个主子。在现代中国的语境中，民族主义主要是抵抗殖民主义，寻求民族独立和自由。对中国人来说，20世纪始于八国联军（英、法、德、奥、意、美、俄、日）击败义和团后在北京撒野——这一羞辱情景被印入现代中国人的脑海。更为耻辱的场景接踵而至：日本想一口把中国独吞，在长达十四年（1931—1945）的抗日战争中，南京大屠杀这种恐怖还只是其中之一。正是在抗战中，中国的民族主义才达到醇熟之境，中国人才成为现代民族主义意义上的统一民族。换句话说，现代的中国人才真正诞生。

总之，中国文化的属性不是一朝一夕练就的。深厚的历史感是这个民族的核心意识。但同时，其短暂而动荡的现代历史对此属性的形成，则和传统惯性同样重要。即便是今天，中国的文化仍处于不断变化演进过程之中，仍处于新旧整合、古今融合的过程之中。这种新旧延续性和现代性的结合，没有比中国人的语言更能说明问题的了。

中文／汉语

中文，或者说汉语，当然是构成中国文化属性最基本的要素之一。中国人现在用的语言，既是古典的，也是现代的，是历史延续性和现代转型的结合体。从书写和言语来看，它也折射出中国人既高度一致又多元多姿的特色。书写体既有文言，也有白话，还有简繁两种文字。虽然文言现在基本上已经不用了，但中学教科书还是要教的，高考也要考到文言。换句话说，一个真正有文化、有教养的中国人，必须对古文有一定的理解能力。中国大陆通用简体字，但在台湾和香港仍用繁体字。在言语方面，中国人现在终于达到了全民都能说同一种话：在大陆叫“普通话”，在台湾叫“国语”；即使在香港，普通话也已立足，大部分人都能听懂。同时，各种方言仍然活跃，与国语长期共存，不可能被普通话吃掉。

汉字当然是中国人特有的文化特色，据说是黄帝的一个史官仓颉发明的。史书记载道，仓颉仰观天象、洞察自然万物轨迹创造出文字时，“鬼夜哭”，因为它们怕人类有了文字后智慧大增，而鬼神的威力则大减。我们今天能看到的最早的文字，叫“甲骨文”，商代刻在龟甲和兽骨上的文字，是一百多年前在河南安阳首先被发现的，经专家认定，这已经是成熟的文字体系。在商朝和周朝的青铜器上也有早期的文字。早期的汉字显然是象形文字，模仿自然界的意象而成。

中文的这个特征给西方一些文化评论家很大的想象空间，他们以此为基点来批判西方语言的逻各斯中心主义和语音中心主义。20 世纪初，著名现代主义诗人庞德发现费诺洛萨（Ernest Fenollosa，1853—1908）一篇未完稿《用汉字来作诗》（“The Chinese Written Character as a Medium for Poetry”），编辑整理后出版，随即掀起一场“意象派运动”，成为现代诗歌和思想界一景。

西方文化界对汉字的把握也不是完全没有事实根据。汉字具有很强的视觉特征，即使在今天也如此。而且，中国人还在汉字的基础上发展出一种独特的艺术：书法。中国传统绘画的根基即来自书法，有一套自己的美学原则。但是，如果把汉字仅仅看成象形图案，那就离谱了，基本等于说汉字从最初的原始阶段至今一直没有发展变化。其实，就中国语言来看，谁发明汉字并不是那么重要，重要的是长期以来的演变过程。随着汉字的推进发展，象形功能虽早就退化，但产生了最主要的创意功能之一——“形声法”，即用形旁和声旁合成造字。绝大部分的汉字是由形声法合成而来，以至于中国有句笑话：“秀才识字识半边。”这个笑话恰恰说明，绝大部分汉字读半边就行，八九不离十，只有极少数是例外，因此要想表现得“很有文化”，就得注意那些例外字的发音了。

汉字的发展同“文”（文学、书写）的发展相辅相成，携手共进。中国文学创作的繁盛期首先出现在春秋战国的“百家争鸣”时期，一大批经典著作涌现出来，除了儒家经典外，还有诸子百家的各种作品。儒家经典原本指“六经”，分别是《诗经》《尚书》《礼记》《易经》《春秋》《乐经》。《乐经》后来失传，所以通常也叫“五经”。到了宋朝，儒家经典被称作“四书五经”，其中四书指的是《论语》《孟子》《大学》《中庸》，后两者都是《礼记》的章节。其他诸子百家的典籍,最有名的有道家的《道德经》和《庄子》,法家的《韩非子》,墨家的《墨子》,以及兵家的《孙子兵法》。

文学创作繁盛之时，文字也在变化。由于长期分裂，各国的书写文字已呈现很大差异。秦始皇统一中国后做了两件事，对中国文化随后的发展至关重要：其一，按宰相李斯建议，以小篆三千字统一书写体系，确定了汉字发展的统一性和稳定性。汉字的统一使其发展自成一体，使中文书写体系成为中国文化统一性和延续性最根本的要素。其二，秦始皇颁令在全国范围内“焚书”，把诸子百家的书籍全部付之一炬，以便清除所有政治不正确的言论，统一思想，让秦家天下万世相继。幸亏秦朝短命，而且秦始皇也没有现代的监视技术，没有办法真的把天下所有的书都焚了。但这种反文化举动仍然给中国文化以后的发展造成巨大困惑，尤其是经典书籍的真伪问题。儒家在汉代早期得到尊崇地位后，掀起了一股重新发掘和注疏经典的浪潮，出现了一批新版的典书籍。但同时，有一些据称是先秦的旧版本被挖掘出来，而两者之间文字不尽相同，难免造成对某些文本的解读南辕北辙。这便是中国文化史上的“古今之辩”（往往是“古文派”占上风）。之后两千年，中国文化正是在不断的“拟古”（追寻、模仿先秦的真文本和经典真义）中得到灵感,发展出自己的行文特征。也就是说,这一争论一直持续到现代期，构成中国文化持续的传统。

在此争辩中，早在汉朝就产生了中国第一位语文学家许慎(约 58—约 147)。他编撰了第一部权威的中文字典《说文解字》，详尽地解释汉字的起源和进化，试图以语言学为基础化解今文和古文之间的差异。《说文解字》的影响一直延续至现代期。

到 19 世纪后期和 20 世纪初，中国进入现代期，各种新思想、新概念、新词汇涌入中文。面对一个全新的世界，来自西方的新潮和新知琳琅满目，中国经典和传统文本已经不可能成为唯一的知识资源和参照对象。正是在这一知识结构的转型中，中文的书写方式发生了巨变。1917 年，新文化运动以“文学革命”打头阵，号召用“白话”代替“文言”作为标准的中文写作形式。其实白话早已存在，甚至可以说已经存在了一千年，这也是为什么新文化运动之后没几年，中文的书写便一下子都改用白话了。在孔子的年代，文言很可能就是白话俗语（《论语》便是孔门弟子间的谈话记录），但到了唐朝，便已经不是“我手写我口”了，尽管中国文人学士继续遵循文言格式又创作书写了一千年。白话俗语自翻译佛教经典起，之后经元杂剧和明清小说，已经形成一股不可忽视的亚文化流，但一直未被正统主流价值所接受。新文化运动一下子把白话文转正，重新建立“我手写我口”的原则。如此，现代中文 / 汉语就是一种杂交产物，它既承继了白话的传统，同时也融合了文言的元素（文言和白话之间并没有一刀两断地绝对对立），而更重要的是，通过大规模翻译来自西方的思想概念，大量使用外来词和创造新词，原有的白话被大大地丰富。虽然白话文充满活力和创造性，在数量上也已经大大超出文言文本的总和，但现代中文仍然很年轻，仍在努力走向成熟，必须在转化传统与消化翻译的突兀之间取得平衡。

如今走到北京、上海的大街上，或走在台北、香港的大街上，会见到两套不同的汉字书写符号点缀着各自的城市景观。这是因为在中国大陆用的是简体字，而在中国港台用的是繁体字（或称“正体字”）。这是现代中国的遗产之一。语文改良本是新文化运动的中心议题，对当时大多数激进的知识分子来说，中国文化要走上现代的康庄大道，意味着在方方面面都要全盘西化，才能赶上西方。在进化论的直线轨道上，汉字被视为中国文化落后的象征，而其中的一项革命主张就是要把汉字统统废了，代之以一种拼音书写符号，就像西方文字一样。提倡白话文作为标准文，这本来是一种折中的方案。要是这种革命主张真的实施了，中国文化可能就会以一种完全不同的方式推进。当然，这种主张现在已经没人提了，因为它根本就不可能实行。毕竟，文化有其自身的抗衡力。中华人民共和国成立后，成功推广普及了一套简体字。这一举措是否会像秦始皇统一汉字一样意义深远，只有历史会告诉我们，我们最好先不要匆忙下结论。虽然现行的简体字方案是 1949 年后推广实施的，但汉字简体化却是现代中国知识界不分党派政见共同努力的结果。例如，在 20 世纪 30 年代就有许多杂志试用部分简体字。推广简体字的主要考量是要尽快普及大众的教育水平。现今使用的简体字方案也只是对部分汉字简体化，很难说与原来的汉字系统构成彻底的断裂。虽然某些汉字的简化存有争议，但实际上大部分被简化的汉字在简化之前已经被非正式地使用了，像店主、商人、专业书法家早就在使用这些简化了的字体，就像之前白话一直在使用但未被正式肯定一样。一位受过教育的中国人要能读懂简繁两种字体，确实需要多花一点功夫。现今我们已进入电脑化时代，大部分人写作都是在键盘上打字，而简繁之间的字体转换点击一下电脑键盘即可，没什么大不了。中国文化有足够的海量，可以同时容纳两种不同的字体。

就像汉字一样，中国话也经过一个漫长而复杂的历史发展过程。到 20 世纪初，汉语地图可以明确地勾勒出一条南北线（就像中国人生活的方方面面）：北方，从东北一直到西南，都是“官话区”。所谓“官话”，是说到明清时期，流动性很大的士大夫官员以及商人之间已存在一种相对通用的话语，但适用面有限，也完全谈不上标准化、制度化。北方官话区内，地区之间还有大大小小的差异，但大致可以交流。在前现代存有这么一大片官话区，说话基本一致，这很独特，也很重要。在南方，那是方言的世界，各种方言交相争艳。语言学家把它们分成几大类：吴、闽、粤等。假如没有统一的书写系统，这些“方言”完全可能发展为自成一体的独立的语言。中国历史的发展倾向于统一，到了现代期，受民族主义的影响，统一的渴望更加灼热。现代中国知识分子意识到，要使中国走向现代化之路，把中国转型成像欧洲列强一样的民族 / 国家，中国必须有一个统一的“国语”。要实现这一目标，就得设计一套每个国民都能使用的音符系统。可是汉语有这么多方言，要是没有政治意愿，几乎不可能实现。很明显的也是最符合逻辑的办法是在北方官话区的基础上来设计这套系统。可是做起来便遇到很多阻力，因为这样一来，南方人在言语上好像就变成“二等公民”了。其实，各种汉语音符的书写，西方传教士早就开始做了，他们直接按照当地方言的发音设计音符，并用这些音符来翻译《圣经》。一直到 20 世纪末，世界上最常用的一套汉语拼音系统是威妥玛拼音，由英国汉学家威妥玛（Thomas Wade，1818—1895）初创、翟理斯（Herbert Giles，1845—1935）完善制定。这套系统基本上仍在中国港台地区使用，但也有变通。现代中国最有影响的语言学家赵元任曾带领一批语言学家设计了一套罗马注音系统，但从未真正实施。因为当时知识界的终极目标是要用一套拼音系统来整个代替汉字，凸显“中国特色”，于是设计出来的方案新颖别致，也很专业化，但就是不实用。到了五十年代，在政府强力支持下，语言学家推出一套标准的“拼音”系统，如今在世界上已经基本通用。但这套系统早就没有要替代汉字的“崇高”目标，而只是作为国际上用音符拼写汉字的辅助工具。

在当下中国，你可以说一种话——“普通话”（台湾称“国语”，大同小异）——即可走遍中国，基本上交流无阻。这是最近才达成的现象，是一百多年来现代性进程的结果。汉语方言林立，在现代中国的民族主义进程中，这一直是个棘手的问题。民国时期，政府也想推广标准化的“国语”，但效果非常有限。国民党退居台湾后，用强力强势在学校推广“国语”，效果斐然，但也招致“台独”的反弹。共产党在大陆执政后，并没有像国民党那样强行推广普通话。现在普通话已经一统天下，但这主要要归功于四十年来改革开放所推行的社会经济政策，促使大规模人口流动，自然而成。比如，20 世纪 80 年代末，作为改革开放的第一个特区，深圳当时的外来人口主要来自广东，所以深圳市的“普通话”还是粤语，许多招工广告表明说粤语者优先。但那个时代早就已经过去了。几年前，在广州甚至出现了一场“保卫粤语运动”，这在之前是难以想象的。在我的老家江苏常州，我从小到长大（六七十年代）只会说常州话，现在我有时候回老家，去商场或餐馆，往往发现我得说普通话（我个人很不喜欢！）。看一下数据就能说明问题：六七十年代，常州市的人口是三十万，而现在是三百万，几乎都是外来人口，这些外来人口都有自己家乡的方言，为什么要学你们的常州话？

从这个意义讲，中国现在终于真正成为一个民族 / 国家，有一种统一的言语，可以在全国绝大多数人口中通用。

最后，让我们看一下中文特殊的美学价值。世界上恐怕没有任何一种文字会像中文这样，在文字的基础上发展出极具美学价值的书法艺术。中国的书法就是汉字的艺术，也是中国传统绘画的根基。书法的发展和汉字的发展紧密相连，历史也很悠久。一般来讲，书法有五大风格。篆书是模仿商周青铜器上铭文的风格。隶书则起自秦朝，本来是官吏书写的字体，后来演变成独特的美学风格。最常用的是楷书，它的风格四平八稳，初学者一般从楷书练起。如果你性格浪漫，想尽情发挥个性，或许对行书或草书更感兴趣。行书也是著名书法家王羲之（303—361）的风格，而草书更加自由，龙飞凤舞，现代人基本上认不出是什么字了。书法家和艺术家一样，要成名成家，一定要练就自己独特的风格。书法在中国曾经是、现在仍然是“有文化”的特殊象征。传统中国是士大夫的天下，很难想象一个读过书的人不会书法。哪怕一名官员再腐败、再糟糕，只要他会一手漂亮的书法，他总还是“有文化”的。宋代有一位皇帝叫宋徽宗，作为国家元首，他糟糕透了，不仅把整个国家给丢了，自己还落在入侵者的手中做了囚徒。但他是一位伟大的艺术家和书法家，自创的“瘦金体”书法优雅犀利，独树一帜，为中国文化留下重重一笔。现在中国人都用电脑来打字了（大多用拼音输入法），书法也已经不像以前那样流行，也不是几乎每个小学生都要练的了，但仍然有很多人练习书法，喜爱书法。这项传统仍然延续着。学生在学校虽不像以前那样要用墨汁练毛笔字，但还是起码要求用铅笔、钢笔练字。在中国社会，练就一手好字是一种身份象征，有一手好书法那就更不用说了。如果一位外国学生学汉语来到中国，要是还能亮出一手好书法，那他的中国朋友会立刻竖起大拇指，对他刮目相看，钦佩之余，打心眼里会把他当作一家人。不过，要想“有文化”得花工夫：一般要练就成一位好的书法家，必须天天不间断地练，持之以恒，起码练上好几年。

第二章

“中华盛世”：中国管治模式

中国从秦朝到清朝大约历时两千年，朝代轮替经历十几次，但自汉朝起，基本上都是沿用儒家的“治国平天下”这样一套治理模式。各朝代政府机构及名称功能都不尽相同，随着社会经济的发展都有所变动，但基本架构和准则基本上一以贯之。中国的朝代期不是持续两千年的和平与稳定，而是和平与动荡交替的循环。大的朝代，像汉唐宋明清，大都延续三百年左右，紧接着便是血腥暴力、农民起义、群雄争霸，最后某位枭雄出来独霸天下，建立新的朝代。总体来讲，改朝换代时期比较短，所以大体上中国人在朝代期的大部分时间可以安居乐业，甚至有繁华盛世局面。西人用 *Pax Romana*（罗马治世，或曰罗马和平）来指罗马帝国治下的文明，所以也有人用 *Pax Sinica* 来指中国朝代期的“中华盛世”。

儒学包括两个相互关联的元素：内圣与外王，所以政制治理（而非宗教）是中国文化的核心部分。中国文化不存在政教分离的问题。两千年的朝代期，中国一直都是实施世俗的政制管治模式，虽然这种管治模式很大程度上依赖道德熏陶与规范，而到了朝代期晚期（明清），因为受佛教影响，理学可以说已经达到了准宗教的地步。

到现代期，民主政制在西方普遍实施，并影响全世界。中国也不例外，开始检视自己两千年来的政治文化。中国的政制当然自成一体，有其独特的发展轨迹。西方现代性是走出中世纪的产物，即走出封建制和千年的基督教神权政制，逐步实行政教分离的结果。启蒙运动开启了世俗社会以及民主政制模式，强调公民的权利与平等。可是在中国，封建制在两千年前便开始消退了，世俗的中央集权制一直都是常态，没有发展出民主的管治模式。

那么，这种创造了所谓“中华盛世”的中国管治模式，其本性到底如何？它和民主价值及其机构体制是什么关系？

家／国：儒法合流

我们在谈论朝代期儒家管治模式时，特别要注意一点：战国后奠定的帝国秩序不是儒家的，而是法家的。“百家争鸣”，儒家没赢，法家胜出。秦国正是贯彻执行法家的一套思想法规才得以变成一个超级国家，最后一统天下。儒学受到推崇成为管治的指导思想，是汉代的事。但是，汉儒没有替代法家：一方面，汉儒矫枉过正，对法家的严刑酷律和谐化、仁义化；另一方面，则默认并容纳了法家的一些核心思想。对这种儒法合流，儒家内部一直都有紧张，甚至有人认为这可以称为儒学的“原罪”。

儒家治国的基本原则叫“三纲五常”：君为臣纲、父为子纲、夫为妻纲，以及仁、义、礼、智、信。这套伦理道德规范原则由汉儒董仲舒厘定，之后儒学便获得“一尊”地位，成为各朝各代官方的意识形态准绳。其实，所谓“三纲”最初并不是儒家的说法，而是法家的核心思想。

法家思想在“百家争鸣”中颇具影响。法家提倡“法治”，西方的民主传统也讲法治，但两者的内涵南辕北辙。在西方民主传统中，“法治”是其核心概念。在民主的发展过程中，特别是在英国，民主是由贵族向王室争权而逐步发展出来，“法治”指的是在法律面前人人平等，尤其是指王室和贵族之间的平等。法家提倡的“法治”，却是要确保皇帝的绝对权威，以便皇室世代传承下去，达至“和平盛世”。法家的“法治”主要是一套酷刑惩罚体系，在此之下人人平等，而“人人”尤其是指贵族和平民要一视同仁，这样也就削弱了封建贵族的权力，从而集权于皇帝（天子）一人之手。用西方政治学的术语，法家可以称为“现实主义者”。和“现实主义者”一样，法家着重于通过实际措施增强国家的财力与实力，用强势统治达至安全稳定的秩序。更重要的是，法家和“现实主义者”一样，对儒家的德治说教嗤之以鼻。在法家看来，儒家要通过“礼”“乐”行仁治，既不实际也不可能，而且儒家执意推崇尧舜治下的黄金时代，那是借古讽今，居心叵测，贻害无穷。

对于“称先王之道以籍仁义，盛容服而饰辩说，以疑当世之法而二人主之心”之“学者”，法家代表人物韩非（前280—前233）把他们称作“邦之蠹”（国家的蛀虫）。韩非认为，用古代圣贤的方式来管治今人，就像宋人守株待兔一样极为愚蠢而可笑。儒者称道古圣君博爱天下，爱民如子，一听到有人受到惩罚，马上便取消音乐表演，一听到有人被处死刑，马上就流泪。可这些做法和建立有效的政府不沾边。韩非认为，父爱确实放之四海而皆准，但是，有了父爱，儿子仍然变成坏蛋怎么办？假如父亲一如既往仍然爱儿子，儿子还是不学好怎么办？古代圣君之爱也不可能超出父爱，如果父爱没法管教好儿子，怎么又能管教子民维稳天下，整天掉眼泪有什么用？所以，韩非提出一套强国之道：

> 故明主之国，无书简之文，以法为教；无先王之语，以吏为师；无私剑之捍，以斩首为勇。是境内之民，其言谈者必轨于法，动作者归之于功，为勇者尽之于军。是故无事则国富，有事则兵强，此之谓王资。

> 因而在英明君主治下的国度里，没有书籍，只有法律条文；也没有先王语录作借鉴，只有官员才是你的老师；也没有私下比武，砍下敌人的头才算真正的勇士。如此，境内所有国民言谈都不会出轨，一切行为都是为国效劳，武者勇士都服务于军队。这样，和平时则国富，战时则兵强，此之谓建立王业的资本。

在韩非看来，古代圣君如尧舜那些德政善举，本身就是天下致乱之源。尧没有按王朝规矩传位给其子嗣，却传给了一介庶民舜，而舜作为臣，没有好好侍君，却自己做了王。儒者推崇尧舜，视其为圣君、文化英雄，那天下还怎么讲忠、讲孝？因此，韩非明确提出维系家国天下秩序的三大基本原则：君为臣纲、父为子纲、夫为妻纲。只有严守这三大臣服关系，天下才能稳定，否则天下必乱。

法家不只是“思想家”，更是行动家。他们为君王出谋划策，提出具体强国措施。商鞅（前390—前338）首先在秦国推行一系列改革措施。当时秦国只是相对边缘的弱国，经商鞅变法，一举成为豪强。商鞅变法就是要加强中央集权，颁布刑律，普天下一视同仁，有效削弱了封建贵族的特权，使权力集中于国王一人之手。儒家宣扬性善论，法家则坚信性恶论，人的本性自私，要管治自私自利的子民，最佳的办法就是采用严厉的惩罚机制，即使小过失也要用酷刑。比如，如果有人把垃圾扔到街上，便要施墨刑——

在脸上刺字，羞辱你一辈子。秦始皇手下的宰相李斯（前280—前208）也是一位著名的法家，就是他劝谏秦始皇“焚书”（《史记·秦始皇本纪》）：

> 臣请史官非秦记皆烧之。非博士官所职，天下敢有藏诗、书、百家语者，悉诣守、尉杂烧之。有敢偶语诗书者弃市。以古非今者族。吏见知不举者与同罪。令下三十日不烧，黥为城旦。所不去者，医药卜筮种树之书。若欲有学法令，以吏为师。

> 臣请让史官除了记载秦国历史的书籍之外把所有书都烧了。天下除了博士官以外，谁敢有收藏《诗》《书》及诸子百家书籍，统统上交地方官一并烧掉。有谁再敢谈论《诗》《书》，处以死刑，尸体吊城头示众。有谁再敢借古非今，灭九族。如有官吏知情不报，与犯人同罪。命令下达三十天后还不烧的，处以黥刑，充军边境修筑长城。医药、占卜、种植类书籍可以不烧。如有人要学法令，就以官吏为师。

用如此文化政策治国的朝代可以称霸一时，但不可能持久。一方面，法家采取的措施对中国文明当然是一场灾难，但也给以后的朝代提供了警示。另一方面，它也为以后的天朝秩序（或称“中华盛世”）打下了冷冰冰的根基。

秦始皇死后不久，长城建筑工地便爆发骚扰起义，为秦始皇建的豪华皇宫也被一把火全部烧光，幻想的千秋万代就此结束。因为秦朝暴政迅速崩塌，以后的朝代都不敢再明目张胆地把法家思想奉为治国理念。

汉儒正是在此时入场。然而，通过汉儒修饰的儒学终究是“现实主义”版的儒学。

在把儒学上升为“独尊”地位一事上，汉代大儒董仲舒(前179—前104)起了至关重要的作用。他承继了韩非“三纲”的观念并使之成为儒学的核心观念。汉儒和谐了许多法家酷律的硬伤，同时又沿用了秦代的基本管治机构以及支撑该结构的法家意识形态。如此一来，“法家”的名称便从此退居后台，儒学获得“独尊”地位，一切都是以儒学的名义办事。汉以后两千来年的天朝秩序名义上是建基于儒学的秩序，但实际上是“儒法合流”的结果。[1]

这种儒学秩序延续了两千来年，基本没受改朝换代的影响；其特征可以归纳为：家 / 国、文治、道统。[2]

家 / 国模式有两个相互关联的方面：整个国家都归属于皇室一家（普天之下莫非王土），因而这个国家也要像治家一样管治。也就是说，“天下”的主人是世袭的皇家。

---

1 也不能说董仲舒完全扭曲了儒学的原意。孔子对经典的诠释，其中一个着重点也是强调要“忠君”，这也是辜鸿铭着重的角度。参见本书第八章的讨论。

2 所谓“道统”，在此有两层意思：广义上指“道德管治”(moral rule)，也可以说“德治”；另外指孟子倡导的“天下为民”的传统。见本章第三节。

创建一个新朝代称作“得天下”，而管理国家的终极目的就是要让皇室世世代代沿袭下去。这个“国”或“天下”就是皇家的私有财产。《史记》记载了一段汉高祖的轶事，很能说明“得天下”和“创业”的关系。因为秦朝华丽的阿房宫在战争中被烧掉了，汉高祖得天下后决定重新建一个同等华丽的未央宫，以展示新朝新气象：

> 未央宫成。高祖大朝诸侯群臣，置酒未央前殿。高祖奉玉卮，起为太上皇寿，曰：“始大人常以臣无赖，不能治产业，不如仲力。今某之业所就孰与仲多？”殿上群臣皆呼万岁，大笑为乐。

> 未央宫建成了，汉高祖在前殿大摆酒席宴请群臣。他手捧玉杯，起身走向他的父亲，先祝太上皇长寿，然后说道：“父亲大人，你以前常说我没有出息，无赖一个，不会经营产业，不如二哥。现在我的产业和二哥比，谁的多？”殿上群臣个个捧腹大笑，山呼万岁。

在这个家/国模式里，如果把皇帝称作“国家元首”，显然是误导，因为他就是国。他直接统治所有中国人，他们都是他的“子民”，就像他的孩子一样。按理说，天朝统治的合法性来自“天命”，皇帝是“天子”。然而，每一个朝代都是由武装暴乱起义、靠武力建立，就像汉高祖一样。

理论上讲，“天命”不是永恒的，做得不好“天命”就失去了。实际上，儒法结合的国家机器和意识形态会极尽可能维系天朝皇室统治，要改朝换代，只有靠武装起义和暴力革命，也就必然造成生灵涂炭，死人无数，人口萎缩。“三纲”的道德熏陶当然会有效果，因为这也意味着，造反起义有违道德伦理的教诲。道德伦理教育立足于家庭，家庭伦理和“三纲”就必须严格执行。这里没有私人领域和公共空间的区别。人们的行为和心理都是政府关注的事务。这种广义上的“道统”越深入人心，要取缔某朝代的“天命”也就越难，只有等它腐烂透顶、内忧外患已经达到无法容忍的地步，各路群豪才会揭竿而起革掉它的命。在漫长的朝代期，这种改朝换代的循环不是发生一次两次，而是十来次。令人惊讶的是，这种模式一直维系到晚清，虽然各朝代间也有不同的特征。这套模式长寿的秘诀之一也许在于，它在皇室和百姓之间创造了一个精英阶层——士大夫。

科举与文治

和欧洲（或日本）的中世纪封建社会结构相比，中国漫长的朝代期有一个显著特色：文人士大夫阶层逐渐崛起成为社会结构的统治阶层，到了明清，士农工商的社会等级分层已经确立。促成这一现象的就是科举制度的逐步推广，从隋唐兴起一直延续至晚清，到 1905 年才被废弃。科举制有其民主的一面，可以说本质上是一个民主的体制：以教育为中心，不讲血缘、身份和背景，凭自己的努力和资质便可改变自己的人生，进入社会的精英统治阶层。科举制对中国文化产生了全方位的巨大的影响，但最重要的在于使中国的政制建基于世俗的文治。由科举产生的士大夫文官体系有两个作用：一方面，皇帝作为所有考生的终极考官，可以揽尽“天下英才”为皇家服务；另一方面，皇帝至高无上的权力也受到一个庞大的以宰相为首的官僚体系的遏制。

当然，说科举制本质上是“民主”的机制，话似乎说得满了一点。比如女性从来都不包括在内，虽然到明清时期已经有大量受过教育的女性，中国历史上也出过好几位女皇，比如武则天（624—705），她对科举制的推动和发展起过很大的作用。但总体来讲，就统治阶层的构成来看，我们可以看到明显的历史进步：以血缘为本的贵族逐渐被以才学能力为准的学者所代替。早在汉武帝时，在董仲舒等汉儒的推荐下，朝廷便设有太学，推广儒学，并采取考试方式招纳人才。但在汉代，入仕主要还是要靠贵族阶层人士的推举。到了隋朝才正式确立科举制，明确规定以此方式招揽天下英才入仕。隋朝短命，但该制度在唐朝得以延续，并得到发扬光大。到了宋代，科举制已经非常成熟，及至明清而鼎盛。一路下来，科举制在中国文化和政治生活中扮演了举足轻重的角色。普天下读书人经过层层筛选，每隔几年便从帝国各个角落赴京会试，这成为中国文化特有的景观。从此，中国文化本质上就是一种精英文化，其生产者是受过教育的读书人，而他们从小到大受的教育主要就是为了科举考试。

科举考试不是考一次，而是从地方到省级到全国性的一系列考试。考生十来岁就可以参加乡镇级的考试，通过后称为“秀才”。秀才还不够格做官，但可以继续参加省级的考试。即使没通过省级考试，秀才也属于地方上的绅士阶层，享有一定的特权（比如不用服劳役），并参与乡村的治理。另外，很多秀才以教书为业，辅导儿童。通过省级考试的称为“举人”。举人可以在地方和省级加入仕的行列，也可以继续参加全国性的“会考”。会考又分两个阶段，全国各路考生汇聚京城，参加统一考试，通过这次考试的考生还要继续参加殿试，由皇帝亲自主考（大部分情况是由皇帝指定的代表主持）。考完后，所有考生都被赋予“进士”头衔，再按成绩分为一等、二等、三等，其中一等前三名称为“状元”“榜眼”和“探花”。

考试科目各朝也有所不同。一般来讲，考试内容不外乎儒学“六艺”，包括诗赋及对儒家经典的理解。到了朝代期晚期，考试内容局限于儒家的“四书五经”，要做一篇结构合理工整严谨的“八股文”。不管怎样，中国的文人精英通过科举考试获取“功名”，考试规范主要是一种道德教育和文学训练。由科举制催生的官僚体制也可以说是一种德治，或者说是一种文治。

科举制的设计旨在网罗天下英才，其过程必须公平。为此，考试过程中采取了严格的措施以防营私舞弊。考试期间考官要隔离关禁闭，不能和考生有任何接触。考生进入考场前要搜身，不能携带任何违禁品，进入考场后都被关在独立的"号房"里，考生不呼姓名，只叫号，号房非常狭小，考生吃喝拉撒睡都在里面。为了预防泄题，考卷往往到最后时刻都会有变动，很可能由皇上亲自下令。考生的答卷还要经书记员抄录才送考官阅览，以防考生的书法透露其身份。

今天的历史学家也许会说，科举制再怎样繁荣，先不说女性被排除在外，能够得到教育的也只是一小部分人，而得到"进士"头衔的更是少之又少，而这批人大多数也都是出自士、商和有特权背景的家庭。这样说也没错，只是可能低估了科举制的历史进步意义。科举制继承孔子"有教无类"的传统，为中国社会营造了超强的、人人有机会向上努力的氛围，鼓励天下学子只要勤奋学习，自有出头天——"学而优则仕"，"书中自有黄金屋"，等等。皇帝的宝座是世袭的（要想做皇帝，只有通过流血的革命），但任何人都可以通过勤奋好学而挤入精英的统治阶层。假如某家小孩资质聪慧，是个能读书的好苗子，即使自家贫寒，同族村民也很可能一起集资资助他的学业，期望他一旦榜上有名便能光宗耀祖。科举制到宋代已臻成熟。有很多例子，说明贫寒子弟也能功成名就。比如范仲淹（989—1052）。范仲淹一岁时父亲突然去世，孤儿寡母无依无靠，母亲只好改嫁，儿子跟着却要改姓。但正是在这种逆境中，他发奋努力，希望通过勤学科考改变自己的命运。范仲淹最终考取“进士”，接回母亲自己照顾，仕途从小官做起，一直升到副宰相的职位。范仲淹为官正直，经常向皇上直谏。他在《岳阳楼记》中留给后人一句名言，充分体现儒家德治理念的崇高境界：“先天下之忧而忧，后天下之乐而乐。”

宋代最有名、最有传奇色彩的学者当推苏东坡（1037—1101），有人认为苏东坡乃整个中国文化史最有代表性的典范人物。他出生自西南边陲一个普通人家，父亲苏洵晚年开始专注读书，并陪同两个儿子苏轼和苏辙一起赴京应试。在京期间，苏洵广交名流，其文采备受赏识，而且两个儿子也都考上进士。“三苏”在中国文学史上成为一段佳话，一家人占据了“唐宋八大家”三个席位。苏东坡尤其突出，在考场上就独树一帜，崭露头角。当时主考官是学界领袖欧阳修（1007—1072），他对苏东坡在答卷中展示的才华大为惊讶，到处传阅苏东坡的答卷，断定此人以后必成大器，超越自己。因为判卷是匿名的，欧阳修猜测答卷肯定出自他自己的门徒，为了避嫌，没有给“状元”，而是给了“榜眼”。林语堂曾在《苏东坡传》中如此演绎这段故事：

> 那篇文章讨论的是奖励与惩罚之度，他在发挥文意时要强调：奖励时，宁失之宽厚，惩罚时，则不可错杀一人。于是他写道："当尧之时，皋陶为士，将杀人。皋陶曰，杀之三。尧曰，宥之三。"这段话文采很好，读起来铿锵有力，非常切题，把圣君用人之道表现得活灵活现。考官读后谁也不敢质疑其真伪，要是该段出自某处冷僻的古文，你一问，不是说明你孤陋寡闻了吗。所以，通过。之后某天，其中一位考官梅尧臣碰到苏东坡，问道：
>
> "哦，顺便问一下，尧帝和法官那段对话出自哪里来着？我一时想不起来了。"
>
> "我自己编的，"初出茅庐的学者坦白道。
>
> "你自己编的！"老考官说道。
>
> "嗯，我是觉得，尧那样的圣君，他会那样说的，对吧？"苏东坡答道。[1]

虽然苏东坡殿试第二名，一夜之间名声大振，但他的仕途也还是要从基层的县官做起，一步一步往上升。苏东坡的仕途一辈子起起伏伏，坎坷跌宕，从朝廷要官到数度被贬，流放到帝国蛮荒地带——比如海南岛。从苏东坡颠

1 Lin Yutang, *The Gay Genius: The Life and Times of Su Tungpo*, New York: The John Day Company, 1947, pp. 39–40.

籏流离的仕途生涯，可以略探科举制下文治官僚体制的运作情形。总体来讲，宋代皇帝不那么独裁，他们尽量和文官共治天下。宋神宗任内，国家财政拮据，宰相王安石推行"新政"，在国家财税、安全和教育方面采取一系列措施，旨在夯实国力，史称"王安石变法"。但不是每一个人都赞同"新政"，从欧阳修到苏东坡，一大批著名文士都有异见。也就是说，士大夫文官阶层分成了两派，而这两派的争议一直贯穿整个宋代，直至王安石和苏东坡那代人去世后还在延续。今天来看这场争议，去评判哪一方对哪一方错，已经没有意思，但可以从中得到有关"中国管治模式"的教训。改良措施可以在朝廷公开辩论，正反方意见都可表达。当时还出现了一个新词：党争。但它没有由此产生一种权力相互制衡的民主机制，通过公开辩论和公众舆论来协调、尊重不同意见，相反，"党争"被看成完全负面的东西，只会造成混乱，什么事也办不成。毕竟，文官官僚体系乃极权统治的一部分，终极权力都在皇帝手上。王安石等改革派和苏东坡等反对派，谁上谁下，往往端看皇上一时性情。更为反讽的是，有些皇帝自己实在不愿意处在一手遮天的地位，对烦琐的日常政务也实在没兴趣。比如宋徽宗，他是位很有才艺的画家，自创的"瘦金体"书法更是有名，他就宁愿专心于书画，而不是管理一个帝国。而事实上，他的治国理政一塌糊涂，最终把江山丢了，自己还落入"蛮夷"手中，身陷囹圄，直至去世，真是何苦要遭这种罪。

“党争”现象也可以让我们窥探到，宋代的极权式文治还酝酿了某种容忍文化。也就是说，尽管其本质仍然是家 / 国极权统治，但世俗的文官官僚体制确实留下了相当不错的容忍文化，而这一点正是民主文化的标志。毫无疑问，两党之间的争执相当激烈，往往也导致互相迫害。但朝廷可以有公开辩论，皇上两派意见都要听，然后作出决定。有些批评是直接针对皇上的，比如苏东坡两次上书宋神宗直谏，言辞相当犀利：

> 《书》曰:“与治同道,罔不兴,与乱同事,罔不亡。”陛下自去岁以来，所行新政，皆不与治同道。[1]

> 《尚书》有言：“不折腾，依德而治，国家没有不兴的；瞎折腾，国家没有不亡的。”陛下您去年以来所采取的新政，全是瞎折腾。

要是换了秦始皇铁拳统治的时代，苏东坡很可能要被活埋。而苏东坡所受的处罚，最严重的就是被流放，不是一次，而是多次被贬。但即使在流放中，苏东坡照样写抗议诗词，发表异见。每一次苏东坡有新诗出来，立刻被人传抄，几星期内便传遍全国，在士大夫阶层形成一个强大

---

1 苏轼:《再上皇帝书》,《苏轼全集》(中), 上海古籍出版社, 2000 年, 第 1144 页。

的公共舆论场。尽管王安石和苏东坡在政治议题上意见相左，但这并没有影响两人的君子之交。两人相互尊重，还是诗友。政坛风云莫测，后来王安石也遭贬，在南京赋闲，苏东坡专程拜访，两人谈诗论佛，不亦乐乎。异见者仍能保持君子风度，需要涵养，需要“文化”。

天下为民

宋代“党争”没有发展出健康的权力制衡机制，相反，明清还将此当作反面教材，进而对士大夫采取更为严厉的控制。中国的管治模式就这样延续了两千多年，一个朝代的施政失败了，也就是改朝换代，重复循环，找不到突破口。这很可以说明中国传统政治思想的贫瘠，也就是儒学的贫瘠，因为它是“一尊”。这个思想体系没有“权利”的概念，不管是个人权利还是集体权利，个人或集体也就无法面对政府机构保护自身。毫无疑问，它是一个自上而下的极权统治，其目标是维稳，维持皇室一家的“天下”。科举制催生出文治官僚体制，但它是一把双刃剑：一方面，王朝借此收揽天下英才以巩固其家/国。武则天是中国历史上最残酷最专制的女皇，而就是在她当朝时，科举制得以大大推进，这很能说明问题。而另一方面，科举制催生了受过教育的统治阶层，不可避免的，他们会有自己的思想，对儒学也会有自己的理解。苏东坡引儒家经典直谏皇上，批评变法新政，为民请命，实际上正是承继了儒家重要的道统——由孟子一派开启的传统，强调民为贵、天下为民、施政为民（government for the people）。孟子强调家／国以民为基，得民心者得天下，失民意等于违天命，也就丢掉了皇朝存在的合法性。在儒学内，“三纲”与孟子一派的“天命”论一直都有紧张关系。孟子开创的道统一直激励历代的儒士于释经中找到亮点，捍卫并发扬异见，甚至投身于反抗运动。这一道统遗产尤为宝贵。

前面讲到，孔子对尧舜的禅让推崇备至，视尧舜为圣君。孔子确实看重并倡导君君臣臣的等级秩序，但尊君并不一定是绝对的愚忠，所谓“君要臣死，臣不得不死”。《论语》的原文是：“定公问：‘君使臣，臣事君，如之何？’子曰：‘君使臣以礼，臣事君以忠。’”可以说，君王对臣的态度是臣效忠君王办事的条件。换句话说，君臣关系是礼与忠之间的互动关系。事实上，儒学最重要的一条原则就是要求下级对上级有责任“直谏”——说真话。

儒家经典之一《孝经》第十五章有一段对话：

> 曾子曰：“若夫慈爱恭敬，安亲扬名，则闻命矣。敢问子从父之令，可谓孝乎？”
>
> 子曰：“是何言与！是何言与！昔者天子有争臣七人，虽无道，不失其天下。诸侯有争臣五人，虽无道，不失其国。大夫有争臣三人，虽无道，不失其家。士

有争友，则身不离于令名。父有争子，则身不陷于不义。故当不义，则子不可以不争于父，臣不可以不争于君。故当不义则争之，从父之令，又焉得为孝乎？”

曾子说：“有关慈爱恭敬，安亲扬名，已经听先生讲过。请再问一下，儿子服从父亲、照父亲说的做，这是孝吗？”

孔子说：“你在说什么呀！你在说什么呀！以前，天子身边有七位诤臣，专门负责说真话，这样即使治理有过失，也不至于失天下。诸侯有五位诤臣，即使治理有过失，也不至于失其国。大夫有三位诤臣，即使治理有过失，也不至于失其家。士有诤友，有错时及时纠正，也就不会失去美好的名声。父有诤子，也就不会做错事而陷于不义。面对不义之事，儿子必须对父亲说真话，为臣必须对君主说真话。对任何不义之事都要说真话。只是听父亲的话，这怎么能叫孝呢？

在儒家传统中，孟子被尊称为“亚圣”，地位仅次于孔子。《孟子·离娄章句下》有一段孟子和齐宣王的对话，阐明君臣关系，读起来简直就像革命论调：

孟子告齐宣王曰：“君之视臣如手足，则臣视君如腹心；君之视臣如犬马，则臣视君如国人；君之视臣如土芥，则臣视君如寇仇。”

王曰：“礼，为旧君有服，何如斯可为服矣？”

曰：“谏行言听，膏泽下于民；有故而去，则君使人导之出疆，又先于其所往；去三年不反，然后收其田里。此之谓三有礼焉。如此，则为之服矣。今也为臣，谏则不行，言则不听；膏泽不下于民；有故而去，则君搏执之，又极之于其所往；去之日，遂收其田里。此之谓寇仇。寇仇，何服之有？”

孟子对齐宣王说：“如果君视臣如手足，臣事君则推心置腹肝胆相照；如果君把臣当狗马使唤，臣便视君为路人；如果君视臣为草芥，臣就视君为仇人。”

齐宣王说：“按礼数，臣子离开后，应该为原来的君主穿戴孝服。到底在什么情况下，要他们穿孝服？”

孟子说：“君主能够善听臣子诤言，如此执政便能惠普天下；假如臣子出于某种原因要离开本国，君主应该派人一路陪伴他出境，为他安排妥当行程；如果离开后三年还没有回来，此时再收缴其财产。这叫作‘有礼再三’。如果君王如此对臣，那么臣子必须为君王戴孝。可如今，臣子的诤言不听，良策也不奉行，百姓的福祉也就无从谈起。假如臣子有因要离开，君王先把他抓起来关监狱，并在他想去的国家造谣诽谤诋毁他的声誉。一旦臣子出国走成了，当天便收缴他的财产。这些都是仇敌之所为。都成了仇敌了，你还想要他为你戴孝？”

在《孟子》里，我们可以找到明确的“天下为民”的理念。最为有名的当数《孟子·尽心章句下》的名言：“民为贵，社稷次之，君为轻。”按此理念，为政之终极目的乃是为了人民的福祉。如果统治者的行为伤害了负责天下百姓粮食的神灵，那就要把统治者换了，让他人来治理；如果祭拜鬼神的礼数都做到了，还是有旱涝，那就换一个神来祭拜。

孟子开出的“天下为民”这一道统，正是儒士妄议、非议甚至掀起抵抗运动的道德基础。中国文化史上有一大批刚正不阿的儒士，或直谏或死谏，敢于向皇上说真话。比如唐朝宰相魏征（580—643），直言规劝唐太宗说，君王好像船，人民才是水，水能载舟亦能覆舟，为政必须以人民福祉为依归。随着科举制的推行，历朝都有儒生领头的抗争运动。到了朝代期晚期，这种抗争甚至演变成广泛的文化运动，崇尚道德复兴，特别强调士之为士，在于“骨气”。

早在汉朝，就发生过太学生集体抗议的事件。在汉儒董仲舒提议下，汉武帝设立太学，以培养国家级人才，推广儒学。然而建立不久便发生了一次抗争事件。公元前2年，时任丞相去皇家陵园办事，他让手下驾马车走了“皇帝专用通道”。当时京城最高行政长官叫鲍宣，此人向来刚直，他碰巧也来到陵园视察，见此状，把丞相的随从训了一顿，把人扣了，把车收了。丞相当然不干了。第二天，他派御用军把鲍宣的家给包围了，要求放人放马。鲍宣居然闭门不理。这下他被控对抗朝廷，被捕入狱，要判死刑。消息一传出，立刻震动太学生们。其中一位叫王咸，举起一面旗帜，上书：“愿意为鲍宣讨回公道者，到旗下集合。”一下子有上千名太学生汇聚在旗下。第二天，他们先在丞相路经的道上拦截丞相马车抗议，要求释放鲍宣，然后又来到朝廷外广场，集体下跪，直接诉求皇上释放鲍宣。他们认为，鲍宣严格遵循皇家条令，不应该被判死刑。最后处于压力，皇上只好免其死刑，找了条轻罪敷衍了事。这次抗议成功，在中国学士抗争史上意义非凡。儒士用他们的膝盖作为抗争的武器，向皇上说真话，伸张正义，逼迫皇上在舆论面前让步，改变初衷。这件事发生在耶稣诞生前两年。

到了宋代，学生请愿抗争已经成了当朝政治生活的重要组成部分。这有许多原因。宋朝的文化与商业都相当繁荣，但同时却一直受到北部游牧民族的战争威胁。国难当头之时，儒士更要显示不屈不挠的道德品质，捍卫文明底线。另外，科举制发达，滋生出各种公议的渠道。王安石变法期间，各种正反方意见都可以得到公开辩论。像苏东坡这样的大学士尤其注重“公议”——即公共舆论——的重要性，曾上书警告皇上道：

> 夫弹劾积威之后，虽庸人亦可奋扬，风采消委之余，虽豪杰有所不能振起。臣恐自兹以往，习惯成风，尽为执政私人，以致人主孤立。纪纲一废，何事不生？[1]

> 一旦压制公议成为风气，平庸拍马之流便会当道，有风骨敢言之士备受打压，天下怎么还能有豪杰出现。为臣担心的是，如此以往，习惯成风，执政成为一人之私事，陛下您就成为孤家寡人一个。治国纲纪一旦废弃，还有什么事不可能发生？

所谓时势造英雄，宋代国难危重之时，确曾出现一位“豪杰”，名叫陈东（1086—1127），来领导爱国学生运动。宋朝外患不断，宋徽宗时，金兵于1126年围攻京城。我们已经讲过，宋徽宗是位天才艺术家，但作为国家最高统治者，他真是糟透了。大兵压境，他仍然纸醉金迷，依赖贪官污吏治国，弄得民怨沸腾。《水浒传》中天下豪杰被逼上梁山造反的故事，就是以此为背景。金兵围城之时，宋徽宗索性甩手让位于儿子宋钦宗，自己往南而逃。此时陈东就是一名普通的太学生，他站了起来，号召一批太学生联

---

1 苏轼：《上神宗皇帝书》，《苏轼全集》（中），第1142—1143页。

名上书钦宗皇帝，要求清君侧，惩处徽宗身旁六位臭名昭著的高官，以此谢罪天下，重新开启新政。这项大胆的建议立刻受到朝廷官员以及公共舆论的支持。迫于强大的舆论压力，也是为了巩固自己新上台的权威，宋钦宗只好接受请愿书提出的大部分建议，把贪官杀的杀、贬的贬。但他仍要处理金兵的威胁。金兵短暂退去之后，又重新包围京城，提出羞辱性条件，不仅要割地赔款，还要皇家人质作担保。战和之间，宋钦宗犹豫不决。老将李纲主张用持久战来消耗金兵的供给，但李邦彦等大臣则要不惜代价求和。宋钦宗两边都接纳：一方面让李纲备战，另一方面又派人暗地里和金兵议和。宋兵吃了一次败仗，钦宗便立刻撤了李纲的职，准备全面议和。这时陈东又站了起来。他联合数百名太学生，聚集殿门外下跪，直接向宋钦宗紧急请愿，要求立刻恢复李将军职位，领军抗击金兵。这次京城市民也加入抗争行列，支援太学生。李邦彦的座驾被示威民众拦截，差点被愤怒的人们乱拳揍死。宋钦宗怕金兵还没破城，自己的宝座先被推翻了，只好召回李纲，让他亲自上街平息民愤，承诺带兵抗金。

陈东虽又赢了一场，但也没能阻止朝廷崩溃。金兵一退，朝廷便立刻内讧，忙于秋后算账，要惩处以陈东为首的“暴徒”。议和派指责陈东“以忠义挟天子”，支持者则认为太学生一腔爱国热情，可歌可泣。最终宋钦宗还是恢复了陈东的官职，但陈东选择退隐回老家了。宋钦宗对两派各打五十大板，贬官处置，结果成了孤家寡人。金兵抓住时机，乘虚而入，一举攻破京城，把徽宗钦宗父子俩活捉作为人质，一辈子成了阶下囚。几个月之后，钦宗的儿子高宗在南方登基，开启南宋王朝。高宗随即召回李纲任相，陈东也被召回朝廷任职。陈东再次谏言，号召全面抵抗，并建议高宗亲率北伐军救回他的祖父和父亲。但是高宗有自己的考量：一旦徽宗和钦宗真的被救回，他不是得退位了嘛。最终，高宗找了个借口把陈东杀了，为其议和铺平了道路。陈东可能早就知道，其敢言风骨必将招来杀身之祸。儒家有“杀身成仁”的传统，陈东的榜样激励了南宋好几代儒士。在南宋，战还是和一直都是国家中心议题，最有名的当然是主战派岳飞（1103—1142）和主和派秦桧（1090—1155）之间的斗争。最终秦桧在宫廷政治中胜出，捏造莫须有罪名把岳飞杀了，但公众舆论却是一边倒站在岳飞一边。在中国文化史上，岳飞成为忠贞爱国的象征，而秦桧必须永远向岳飞下跪，成为千古罪人。

到了晚明时期，儒士的抗争尤为惨烈。东林党人和宦官魏忠贤之间的斗争可谓惊心动魄，悲壮而凄惨。东林党人是一批围绕在江苏无锡东林书院周边的士人，他们每月聚会讨论学术，弘扬儒学道德风范，推崇士人气节，并且议论时政，常常公开批评执政当局。晚明朝廷政治特别诡异，万历帝明神宗长达三十年不上朝，死后传位给儿子明光宗，结果光宗不到一个月就死了，再匆匆传位给儿子明熹宗。这个皇帝一直都没读过书，但特别喜欢做木工活，从小就和宦官魏忠贤混得亲密，结果朝廷大权逐步落在魏忠贤手上。东林党人反对宦官专权，于是掀起一波又一波的抗争，导致多人被贬被杀，惨遭迫害。但他们并没有服软，而是在惨烈黑暗的政治环境中，愈加培养出宁死不屈、刚直不阿的士大夫风尚。很有意思的是，在回望这段历史时，两位著名的现代知识分子陈寅恪和林语堂，分别推崇当时的两位名妓，他们认为，在她们身上更能突显晚明士人之“骨气”。

柳如是（1618—1664）是所谓“秦淮八艳”之一。名妓文化是中国文化史上很重要的一笔。名妓是传统女性的“他者”。名妓之所以成名，因其个性和才艺出众。也就是说，文人名士追捧名妓，是要追寻文才、智性上的伴侣（性关系倒在其次）。柳如是在和陈子龙的一段真情结束之后，女扮男装，以诗会友，主动接近当时士界领袖人物钱谦益（1582—1664）。钱谦益读过诗后，大为惊讶，恨相识太晚。后来柳如是表明自己身份，并在诗中暗示愿以身相许，钱谦益立刻为她建了一栋屋，迎娶入门。爱情故事伴随着危难时局。作为东林党主要成员，钱谦益的命运浸染于晚明宫廷政治的危局之中。明朝最终崩溃，清军包围了南明王朝的临时京城南京，柳如是毫不犹豫劝丈夫“杀身成仁”，自己“奋身欲沉池水中”，结果被拦住。因为钱谦益另有想法，他带领南明一众官员，跪在城门下，迎接清军入城。他被清廷授予高官职位，但不久便在柳如是劝诱下辞官，离京回家，从事地下反清复明运动。这事当然很危险。有一次，钱谦益被指控参与反清复明活动，锒铛入狱。柳如是则毫无惧色，利用各种关系四处奔走，最终把钱谦益从狱中救了出来。钱谦益为了反清抵抗运动，耗尽财源，于1664年病死。仅三十四天之后，柳如是不堪追债者羞辱，上吊自尽，是年四十六岁。到了20世纪五六十年代，中国现代著名史学家陈寅恪在双目失明的状况下，耗尽余生精力，写下《柳如是别传》。在这位晚明名妓身上，陈寅恪看到了中国士人“独立之精神，自由之思想”。

李香君也是“秦淮八艳”之一，也是一位“烈女”。她多才多艺，性格豪爽，不知多少文人墨客慕名而至。十六岁时，李香君找到了她的真爱侯方域（1618—1654），晚明又一位大学士，和东林党人关系密切。后来，另一位高官试图挟持她时，李香君一跃而起，头撞墙上，鲜血溅到侯方域赠送的一把扇子上。著名剧作家孔尚任（1648—1718）把这个故事写成名剧《桃花扇》，遂家喻户晓。现代名士林语堂极为推崇李香君，赞赏她那股子“蛮气”。1934年，他通过友人购得一幅“李香君画像”，如获至宝，以后不论在世界哪儿流浪，都带着它，挂在书房里。他在画上还题诗一首：

香君一个娘子，
血染桃花扇子，
气义照耀千古，

羞杀须眉汉子。

香君一个娘子，
性格是个蛮子，
悬在斋中壁上，
教我知所管制。

如今天下男子，
谁复是个蛮子，
大家朝秦暮楚，
成个什么样子。

当今这个天下，
都是贩子骗子，
我思古代美人，
不至出甚乱子。[1]

当然，晚明士人的“骨气”不是只有通过名妓体现出来。东林党争之后，明朝不久便灭亡。在此剧变过程中，产生了一位真正的思想家黄宗羲（1610—1695），他对整个

1　Shi-yee Liu, *Straddling East and West: Lin Yutang, a Modern Literatus*, New York: The Metropolitan Museum of Art, 2007, p. 39.

儒家政制模式进行了深刻反思。黄宗羲也是东林党人后裔，明末清初积极投入反清复明运动，和钱谦益也有密切关系，称为“知己”。抵抗运动失败后，黄宗羲退隐山里，潜心做学问。清廷几次盛邀，请他出山做官，他一概回绝。黄宗羲最重要的学术成果就是《明夷待访录》，这是中国文化思想史上真正的突破性著述。它承继孟子“天下为民”的道统，对中国模式之家／国政制底色给予猛烈抨击，直接揭示皇家的私利和人民的福祉乃势不两立：

> 古者以天下为主，君为客，凡君之所毕世而经营者，为天下也。今也以君为主，天下为客，凡天下之无地而得安宁者，为君也。是以其未得之也，屠毒天下之肝脑，离散天下之子女，以博我一人之产业，曾不惨然；曰：“我固为子孙创业也。”其既得之也，敲剥天下之骨髓，离散天下之子女，以奉我一人之淫乐，视为当然；曰：“此我产业之花息也。”然则为天下之大害者，君而已矣。向使无君，人各得自私也，人各得自利也。呜呼！岂设君之道固如是乎！[1]

> 古时以天下苍生为主，君为客，君王毕生之经营，都是为了人民的福祉。而现在以君为主，天下百姓为

1 黄宗羲：《明夷待访录》，中华书局，2011年，第8页。

> 客，人民生灵涂炭无处安宁，都是君王造成的。还没得天下时，杀戮讨伐，弄得人们妻离子散，都是为了争一己之私产，面对人民遭受的磨难，心中没有半点怜悯，还理直气壮地说："我这是为子孙创业。"得了天下以后，恨不得把老百姓的骨髓都榨干，弄得人们妻离子散，来供奉一人骄奢淫逸，而且还视为当然："我不过是花点我产业的利息而已。"这样，君王便是天下之大害。如果没有君王，人们还可以自己过自己的日子、照管自己的利益。呜呼！难道我们设置的君主政制就是这种样子？

可惜的是，清朝实行严厉的文字狱监管言论出版，该书写成后只能在朋友间小范围流传，影响很有限。要等两百年之后，清朝气数将尽之时，黄宗羲这本书才浮出水面，重新受到青睐，并激励了一大批现代革命家，为推翻清朝以及整个家/国专制政体，建立亚洲第一个共和国起到了启蒙的作用。

总之，漫长的朝代期所践行的中国管治模式显然不是"民有""民治"，因为一个属于人民的政府、一个由人民直接治理的政府，首先需要把"民"当成一个"人"，一个拥有某些不可剥夺的权利的人。儒学践行的管治体制则基于家/国原则，"普天之下莫非王土"。但孟子一派的道统确实倡导"天下为民"的治理目标，一旦王朝统治违背人民的福祉，也就失去“天命”，要换人来做。科举制也是一项重要的机构制度创新，由此每一个读书人都有可能进入统治阶层参与治理。随着士大夫文化的兴起，儒学也发展出向权力说真话的道统。但最终，儒者的膝盖还是太软了。等到来自西方的现代性冲击中国文化时，这套儒家的管治模式也就崩塌了。自晚清以来，这套管治模式受到极大挑战，遭到不同派别的现代知识分子的摒弃。其中最为彻底的批评是来自信奉共产主义的革命家。

但这套中国政制管治模式有其独特的长寿秘诀。自最后一个王朝崩溃以来，中国已经经历了一个多世纪的现代旅程，仍未真正找到突破口。现在，随着“中国的崛起”，这套中国管治模式又重新受到青睐，并被委以更为宏大的抱负，以帮助中国在世界范围内创建“中华盛世”，引领世界风骚。需要说明的是，儒学模式能够一朝又一朝传承两千年，这不仅是因为中国知识思想的贫瘠，事实上，也不能说中国文化是在一个封闭的自给自足的环境中发展过来。相反，它是中原农业文明和北方游牧文明不断竞争的结果。在历史上，中国的一部分甚至全部都曾被北方游牧民族征服过。但最终，征服者都被中国文化征服。同理，假如源自西方的民主模式自行崩溃（在 20 世纪已经经历过两次世界大战的挑战），儒家这套管治模式也就很有机会在将来的世界上重新受到青睐。那样的话，我们起码应该有所准备，知道那将意味着什么。

第三章

儒道佛三教合一

海外华人求职有时要填一份匿名调查问卷，表明你的族裔身份等情况。问卷有时也会问：你的宗教信仰是什么？这个问题常令华人很尴尬。当然，中国有很多穆斯林，还有很多基督徒，但绝大多数中国人很难归入当今世界所限定的宗教类别。要回答这个问题，你可能只能填“无”或“其他”，但这样又可能意味着你什么也不信，或者没有精神生活，也不是什么好的选择。

如果你由此认为中国文化缺乏精神生活，那就大错特错了。在中国文化传统中，我们是儒道佛“三教合一”。中文的“教”应该比狭义的“宗教”概念更为笼统，也可以指某种学说、教育。中国文化史上曾经有三大“学说”互相竞争，中国人也受到三大“宗教”的熏陶教育。到了朝代期晚期，三大教已经合而为一。这三大教给中国人提供了一种生命哲学，它既是世俗的，也是精神的。而每一种“教”对自我的把握各有其侧重点：儒家强调道德上的自我修养，道家强调把自我融入宇宙自然的天人合一，佛教则强调打坐修炼达至无我境界，大慈大悲普度众生。

儒家修身养性

儒学基本上包括两个相互关联的组成部分：“内圣”，指自我修炼以达至道德上的完美；“外王”，指依循道统的政制管治秩序。上一章主要讲的是后者。儒学主要是一套关注现世的、形而下的政治哲学，但它也是建基于一套很古老的形而上的宇宙哲学体系（比如儒家经典之一的《易经》）。而到了宋代以后，儒学受到佛教那套复杂而缜密的推理体系的刺激，发展出所谓理学。理学已经呈现出很强的宗教色彩，理学家是要经常冥思打坐的。但不管怎么说，儒学的本义要义都在儒家经典里面。我们这里就集中探讨一下儒家最重要、最流行的经典：《论语》。

《论语》是孔子及其门徒之间的“语录集”，包括孔子自己的言论，孔子和弟子之间的对话以及聊天，还有弟子的言论以及孔子对其言论的评价。从现在的角度看，这本语录集的编者似乎很糟糕，完全没有任何编辑逻辑可讲。

儒家修身养性的目标很明确，就是如何成为“君子”。

一位儒绅君子必须具备三项品质：首先，他必须有仁爱的道德品格；其次，他应该彬彬有礼，懂得处理家庭、朋友之间的人伦关系；再者，他应该是一位有知识、有智慧、有教养的人。

首先，什么是"有仁爱的道德品格"呢？儒学的中心思想叫"仁"。对于"仁"，古今中外历来有很多诠释和译解。我个人认为，最简明透彻的注解就是"人性"（英文译为 humanity）。对孔子来说，"仁"就是人之所以为人的基本要素。但或许正因为是最根本的要素，并不意味人人都有"人性"。比如，孔子警告说："巧言令色，鲜矣仁！"（假如某人能说会道，一身名牌打扮，注意了，这种人很可能不正派。）那么，

> "克、伐、怨、欲不行焉，可以为仁矣？"子曰："可以为难矣，仁则吾不知也。"

> "假如某人没有野心，也没有虚荣心，不嫉妒，也不自私，这可以算仁人君子了吗？"孔子说："你说的那些可以说难能可贵，但还不能说这样就算仁人君子了。"

显然，孔子对仁人君子的标准设得很高。孔子虽有七十二位弟子经常跟随身边，有些弟子非常有名，但孔子

并不觉得他们都称得上仁人君子。例如，子路是弟子中能力最强、最有成就的一位。我们不知道，要是他听到老师对他的评价会作如何想：

> 孟武伯问："子路仁乎？"子曰："不知也。"又问，子曰："由也，千乘之国，可使治其赋也，不知其仁也。"

> 有一位鲁国的贵族问孔子："子路是一位仁人君子吗？"孔子回答道："我不知道。"但这位贵族不肯接受这样的回答，继续追问，孔子便说："子路有能力领军带兵、治理一个一等大国，但我看他还不能算是一位仁人君子。"

如果孔子最能干的弟子都不能说具备了仁爱的道德品格，谁还能呢？孔子在《论语》里的言论可以帮我们找到线索。首先，要有知难而进的意识，清醒地认识到要培养出仁爱的道德品格并不是一件易事。"仁者先难而后获，可谓仁矣。"（要想做一个有道德品格的人，必须心中明白其难度并努力克服它，这才是道德修炼之道。）但同时，只要我们愿意做一个有道德的人，我们也就能克服困难达到目标，因为人的道德欲望是内在的、与生俱来的。孔子的话有时很隐晦："仁远乎哉？我欲仁，斯仁至矣。"（道德生活既遥远又困难吗？只要我想要，立刻就出现了。）

孔子心中也有君子的典范——这就是他最喜欢的弟子颜回。“回也，其心三月不违仁，其余则日月至焉而已矣。”(颜回呢，他可以连续几个月言行举止严守道德高标准，其他人最多守一天或一个月吧。）所以，在孔子看来，要做一个仁人君子关键在于自我修养持之以恒。做一两件好事还不够。仁爱的道德品格本来就是内在的，通过自我修炼，它就成为你的人品。

> 子曰：“富与贵，是人之所欲也；不以其道得之，不处也。贫与贱，是人之所恶也；不以其道得之，不去也。君子去仁，恶乎成名？君子无终食之间违仁，造次必于是，颠沛必于是。”

> 孔子说：“富贵，谁不想要呢？但如果不是取之有道，宁可不要。贫贱，谁想要呢？但如果不是去之有道，宁可安贫乐道。君子如果没有道德品格，那怎么还叫君子呢？君子时刻都过着有道德的生活，无论日子过得多么匆忙，还是碰到危难处境，都是如此。

再者，就什么样的言行构成道德品格，孔子也有提示和例子。作为一个君子，应该“己所不欲，勿施于人。”（自己不想要的，不要强加于别人。）这应该看作一个最低标准。君子修身养性，还应该惠及他人：“夫仁者，己欲立而立人，己欲达而达人。”（有仁爱道德者，自己修炼道德品格同时也惠及他人一起确立道德风尚，自己事业有成同时也帮助他人一起成功。）孔子倡导以身作则，相信榜样的力量。有一次，有弟子问什么叫“道德品格”（仁），孔子回答了两个字：“爱人。”在和另一位弟子的问答中，孔子说，如果一个人能做到以下五点，他便可以算作君子：

> 恭、宽、信、敏、惠。恭则不侮，宽则得众，信则人任焉，敏则有功，惠则足以使人。

> 恭敬、宽容、信任、勤奋、慷慨。如果你恭敬待人，也就不会受到非礼对待；如果你对人宽容厚道，你就会得人心；如果你值得信任，别人就会信任你；如果你做事勤奋，你就能事业有成；如果你慷慨大方，你有需要时便会发现很多人愿意为你效劳。

而当他最喜欢的弟子颜回问“仁”时，孔子的答案最是切中要害：“克己复礼为仁。”因为，如果修身养性的自我修炼最终就是要“克己”，那道家和佛家对此有好多话要说，下节马上再谈。

第二，君子懂得如何处理人伦关系，举止有礼。在家是孝子，在社会上是好公民。在儒教体系中，道德品格修养和良政都从家庭开始。正因为此，“孝”被认为道德品格之根本："孝弟也者，其为仁之本与！"就如何行孝，《论语》记载了孔子和弟子之间一段很生动的对话：

宰我问："三年之丧，期已久矣！君子三年不为礼，礼必坏；三年不为乐，乐必崩。旧谷既没，新谷既升，钻燧改火，期可已矣。"

子曰："食夫稻，衣夫锦，于女安乎？"

曰："安！"

"女安则为之！夫君子之居丧，食旨不甘，闻乐不乐，居处不安，故不为也。今女安，则为之！"

宰我出，子曰："予之不仁也！子生三年，然后免于父母之怀。夫三年之丧，天下之通丧也，予也有三年之爱于其父母乎！"

孔子有一位弟子叫宰我，他对孔子说："守丧三年，太过分了吧！君子如果三年不行礼，礼数都忘了；三年不奏乐，手也生了。再说，从自然规律看，一年之内，旧的谷物被收割，新的谷物又长起来，取火的木头也是一年一换。所以，守丧一年也够了。"

孔子说："如果你守丧一年之后，吃好吃的，穿好看的，你能做到心安理得吗？"

宰我答道："我可以。"

孔子说："如果你可以，那你就守丧一年好了。

> 君子守丧期间，吃东西不香，听音乐也没有快感，住豪宅也不舒服，所以他要守三年丧。但你没所谓，那就守一年好了。”
>
> 说完宰我走了。孔子转过身又对其他弟子说道：“这人怎么这么没仁爱啊！孩子出生后，三年之内脱不了父母的怀抱。守丧三年，普天之下都是通例。我看他是从小没得到父母的关爱。”

我们现在读到这一段，肯定更同情宰我，他说的似乎也更在理（今天我们谁还守丧一年啊！）。相反，孔子对自己的弟子也玩“外交辞令”，当面婉言认可，等人走了之后却火力猛开，竭尽讽刺地批评人家。但从另一方面讲，也可以看出中国文化是多么看重“孝”，即家庭伦理。这一点一直延续影响到当今中国人的生活。

儒家五伦中有一伦是朋友关系。君子有朋友远道而来，就非常高兴：“有朋自远方来，不亦乐乎？”孔子还教导说，交朋友是为了提高自己的道德品格，不要交道德品格不如自己的人做朋友：“无友不如己者。”他还说：“君子和而不同，小人同而不和。”（君子与人和睦相处，但有自己的主见；小人没有自己的主见，永远都是随大流和稀泥。）君子心胸开阔，四海之内都有兄弟：

> 司马牛忧曰：“人皆有兄弟，我独亡。”子夏曰：“商

闻之矣：死生有命，富贵在天。君子敬而无失，与人恭而有礼，四海之内皆兄弟也。君子何患乎无兄弟也？”

孔子的一位弟子司马牛经常不高兴，抱怨说：“别人都有兄弟，就我没有，孤身一人。”另一位弟子子夏对他说：“我听说有这么一句话：‘死生有命，富贵在天。’君子和人交往，恭敬有礼，不做缺德的事，这样，四海之内都是兄弟啊。既为君子，哪里还怕没有兄弟呢？”

另一方面讲，君子要有个性，并不怕独来独往，相信自己的道德品格能够具备榜样的力量，惠泽于他人：

子欲居九夷。或曰：“陋，如之何？”

子曰：“君子居之，何陋之有！”

有一次，孔子想出国，到东方的蛮夷之地定居。有人对他说：“那地方条件差，人也蛮，你能行吗？”

孔子答道：“君子所居之处，自然就有文化。”

第三，儒家概念上的绅士君子应该是一个有知识有教养的人。这里指的当然不是拥有知识本身，更不是指通过考试成就功名，而是指人品的培养教育，做一个有教养的、有“文化”的人。孔子曾经很具体地就饮食起居、言谈举止、工作态度、交友方式来阐述一个有教养的君子的品格：

> 子曰："君子食无求饱，居无求安，敏于事而慎于言，就有道而正焉。可谓好学也已。"

> 孔子说："做一个君子，吃不要太撑，住不求奢华，少说话多干事，多和有道德品格的人来往，向他们多学点为人处世之道。"

他还说，君子不能只学一门专业，像机器一样只会做一件事，正所谓："君子不器。"

孔子好像一位预言家，早就看到现代教育专业化、专门化的弊病。到中国朝代期晚期，科举高度发达，儒士的形象往往就是一个文弱书生，很有文化，却完全没有健壮的体魄和勇武的一面，同欧洲中世纪的骑士和日本的武士形成鲜明的对比。但这并不是孔子心目中君子的理想形态。

> 子曰："质胜文则野，文胜质则史。文质彬彬，然后君子。"

> 孔子说："人天生的自然品性叫'质'，后天的教育修养叫'文'，一个人身上质胜过文，他就显得粗野，反过来，他就成了一个弱不禁风的书生。两者要有机

结合，才是一个文质彬彬的君子。”

很明显，孔子也预见到了偏重“文化”的弊病：书本教育、应试教育培养出一大批弱不禁风、矫揉造作的书生。我们要知道，孔子本人高大魁梧，爱好体育（起码热衷骑马）。“文质彬彬”一词的含义现在已经被污染了，只强调“文”的一面，而孔子要的是文化修养和质朴的个性、野性相结合，才算真君子。

上面说过，《论语》的编辑似乎有些杂乱无章。但中国人对其第一章第一句话都非常熟悉：

> 子曰：“学而时习之，不亦说乎？有朋自远方来，不亦乐乎？人不知而不愠，不亦君子乎？”

> 能够学习知识，然后付诸实践，难道不是一件快事？有朋友远道而来拜访你，难道不是一件乐事？而你的才华不被人赏识，你也能泰然处之，这难道不正是君子吗？

这段几乎不用现代白话翻译，经常被分开来引用。第一句用来强调学习以及边学边“习”的重要性，第二句常用来对远方来客表示欢迎。然而在《论语》文本中，最好把三句话连起来理解，这是孔子讲做真君子的三个方面：

学知识并付诸实践，与朋友互相切磋和交换意见，而最关键的是，即使你不被这个世界认可，你也守得住，能够坚持己见，不随波逐流。

《论语》有一段孔子和众弟子轻松愉快的闲聊，也许说的就是这个意思：

> 子路、曾皙、冉有、公西华侍坐，子曰："以吾一日长乎尔，毋吾以也。居则曰'不吾知也'，如或知尔，则何以哉？"
>
> 子路率尔而对曰："千乘之国，摄乎大国之间，加之以师旅，因之以饥馑，由也为之，比及三年，可使有勇，且知方也。"
>
> 夫子哂之。"求，尔何如？"
>
> 对曰："方六七十，如五六十，求也为之，比及三年，可使足民。如其礼乐，以俟君子。"
>
> "赤！尔何如？"
>
> 对曰："非曰能之，愿学焉。宗庙之事，如会同，端章甫，愿为小相焉。"
>
> "点，尔何如？"
>
> 鼓瑟希，铿尔，舍瑟而作，对曰："异乎三子者之撰。"
>
> 子曰："何伤乎？亦各言其志也。"
>
> 曰："莫春者，春服既成，冠者五六人，童子六七人，

浴乎沂，风乎舞雩，咏而归。”

夫子喟然叹曰：“吾与点也！”

有一天，子路（名“由”）、曾皙（名“点”）、冉有（名“求”）、公西华（名“赤”）一起陪孔子闲坐。孔子说：“我比你们也就长几岁，你们不要拘谨，我们随便聊天。平时你们经常抱怨怀才不遇，‘没人知道我’。但假如你受到赏识，得到重用，那你又会做什么呢？”

子路马上站起来，答道：“假如有一个大国，夹在另外两个更强的大国之间，外患不断，国内又连年饥荒；要是我去治理，给我三年时间，我定能让该国民众变得勇武，而且明晓自己的职责。”

孔子听了后笑了笑，又问冉有：“求，你会怎样？”

冉有道：“如果有一个小一点的三四流国家让我去治理，给我三年，我可以让该国的民众丰衣足食，至于礼乐方面更高级的教育，只能留给接我班的更高明的君子了。”

孔子又转向公西华问道：“赤，你呢？”

“不能说我一定能，”公西华说，“但我尽量去做到：有盛大活动诸如宗庙祭祀、诸侯大会，我会穿着得体，做一个会场总经理助理，确保盛事办得合乎礼仪。”

孔子又转向曾皙：“点，那你呢？”

曾皙正在弹瑟，弹完后把瑟放下，站起来说：“我的想法和前三位讲的完全不同。”

“那有什么关系，”孔子说，“我们就是闲聊，说说心里话而已。”

于是曾皙说道：“春夏交替时节，换上轻便的春夏装，约上五六个朋友，再加上六七位少年，一起出去郊游，在沂河边耍水，再到附近的亭台阁楼纳凉，最后大家一路唱着歌回家。”

“哎，”孔子叹道，“我给点点赞。”

孔子和四位弟子闲坐聊天，还有背景音乐。老师让学生放松，聊聊各自的“抱负”。其中三位各有志向，语气和愿景有所不同。但孔子却感慨附和曾皙（点），他的“志向”和治国平天下无关，却崇尚自然美景。这段话为以后的“正宗”儒家学者添了许多麻烦——他们要把孔子描绘成正襟危坐的老师，怎么可以这么随意。其实孔子本人不乏幽默感，更加崇尚自然，更加看重“质”——对于这一点，道家可是有好多话要说。

道家天人合一

道家是中国文化中仅次于儒家的流派，影响深远。道家学说也是一种政治哲学，但道家的政治思想在中国历史上很少受到重视，因为儒法合流之后，儒学得到“一尊”的地位，基本上一直没变。道家学说在中国人的心灵上一直保持着很高的地位，因为道家学说受推崇的是其形而上学和美学观，在这一点上儒学讲的虽不多，但好多方面和道家其实是相通的。一位士大夫可以既是儒家（尤其在仕途上），又是道家（在文学美学品味上，尤其是在家赋闲时）。是道家思想为中国文学和文艺提供了哲学和美学的根基，为中国文化的诗意生活特征打下了基础。

道家学说主要是指老子和庄子的思想。像孔子一样，老子也是一位历史人物，但我们对老子的生平和性格知之甚少，只知道他是道家学说的开创者，留下了一本"五千言"的《道德经》。

《道德经》或许是世界上译本第二多的书籍，仅次于《圣经》，当然是中国经典中译本最多的。正像孟子之于孔子一样，庄子是道家的第二号人物，他的作品都收在《庄子》中。在中国思想家中，庄子行文洋洋洒洒，最为雄辩。所以《庄子》往往被当作文学作品来读，而不只是哲学著作。

《道德经》开篇写道：

> 道可道，非常道，名可名，非常名。
>
> 无名，天地之始；有名，万物之母。
>
> 故常无欲，以观其妙；常有欲，以观其徼。
>
> 此两者，同出而异名，同谓之玄，玄之又玄，众妙之门。

道可以讲，但讲出来，就不是恒常的道了；名也可以被命名，但一旦命名，就不是恒常的名了。

天地之始，本没有名；有了名称，也就有了天下万物。

只有处于永远没有欲望的状态，才可以看到宇宙世界之奥秘；在充满欲望的状态下，只能看到宇宙世界的表象。

无欲和有欲，名称不同，但同时出现，为什么同时出现？这是秘密。从这个秘密再往纵深探寻，才能接近宇宙真理之门。

这段话相当有名，经常被引用，当然也有各种解释。很明显，道家学说关注的是宇宙万物之道，或者称“存在的真理”。它看到一个辩证的初始发生：既看到天地之始之无，也看到万物存在之有，无名对有名，无欲对有欲。我们的语言及其命名功能，人类欲望之驱使能力，这些都是我们所谓的“文明”，如果文明的发生不可避免，老子提醒我们不要忘了“初始”状态：万物无名之时，道还没有被道出、被语言污染之时。老子也明白，要道出“未道之时”，他得花“五千言”来说明此理，这本身就是一个悖论。道家思想可以看成对人类文明进程一种小心谨慎的防御机制。它承认文明的发展也许不可逆转，但它不信任它。为了拉人类文明的后腿，道家强调天地之始的状态，即自然，并敦促我们尽量遵循自然之规律。如果说儒家的中心关怀是“人”“人性”“爱人”，道家的中心关怀则是“天人合一”。也就是说，“人”不是宇宙万物的中心，更不是其主宰。人只是万物之一，必须顺应自然，遵循自然规律存在于世。比如像水之存在。水是道家常用的隐喻，以揭示道之所在：

> 上善若水。水善利万物而不争，处众人之所恶，故几于道。

> 最高尚者恰如水，为万物谋利而不争，栖居于他人不屑之处，因而最接近于道。

但人的问题是，他是一个有智力的动物。他有自我，有智慧，有情感，还有欲望，有抱负。道家思想的重点正是在于拒绝视人为万物的中心、拆解自我/他者的二元对立。其核心概念叫“物化”，这就是著名的“庄周梦蝶”的含义：

> 昔者庄周梦为胡蝶，栩栩然胡蝶也。自喻适志与！不知周也。俄然觉，则蘧蘧然周也。不知周之梦为胡蝶与？胡蝶之梦为周与？周与胡蝶则必有分矣。此之谓物化。

> 我叫庄周，曾经做了一个梦，梦中我变成了一只蝴蝶，飘飘然飞来飞去，好不自在，完全不觉自己是庄周。过一会儿，醒了，我还是那个庄周啊！我现在自己也搞不清楚：当时是庄周做了一个梦，梦见自己是一只蝴蝶，还是现在我其实是一只蝴蝶，是蝴蝶梦中的庄周？庄周和蝴蝶之间必定有区分。这就叫物化。

在此，庄子没有完全否定自我的存在，他承认人和蝴蝶之间必定有区别，但断然否定人是认知主体，而万物都是被认知的客体，拒绝自我/他者的二元对立。事实上，道家哲学正是建基于“相对论”，或称“齐物论”——这是《庄子》第二章的标题。换句话说，如果有自我（肯定有的），那么也应该有他者，但是没有自我/他者这种绝然的二元对立，因为自我和他者都是相互包容、可以相互转换的，其根基随着角度的不同随时移动。下一段是《庄子》中最有哲理的表述：

> 物无非彼，物无非是。自彼则不见，自知则知之。故曰：彼出于是，是亦因彼。彼是方生之说也。
>
> 虽然，方生方死，方死方生；方可方不可，方不可方可；因是因非，因非因是。是以圣人不由而照之于天。亦因是也，是亦彼也，彼亦是也。彼亦一是非，此亦一是非，果且有彼是乎哉？果且无彼是乎哉？彼

是莫得其偶，谓之道枢。

世上没有事物不是“这个”，也没有事物不是“那个”。从那个角度看不见的，从我这边则可以知道。所以说，那个出于这个，这个也出于那个。这就是这和那相辅相成之理论。

不管怎么说，有生才有死，有死才有生；可能性来自不可能性，反之亦如此。肯定来自否定，反之亦如此。所以圣人不管这些，一切顺从自然。假如按“这个”出发办事，那这个就是那个，那个也是这个，这个有对和错，那个也有对和错。那么这个和那个真的有区别吗？这个和那个真的没有区别吗？这个和那个无法成为二元对立时，叫作“道之枢纽”。

道家的相对论产生了许多实际的效应，无论是历史上，还是我们当下的生活。不同于儒家的自我修养以培养出有仁爱道德品格、懂得伦常礼数、有学问教养的君子，道家从根本上质疑有没有一个明白是非的自我，敦促我们一切顺从自然，遵循“道之枢纽”。那么，道家理想中的人是什么样的人呢？

《庄子》讲了一个“庖丁解牛”的故事：

庖丁为文惠君解牛，手之所触，肩之所倚，足之所履，膝之所踦，砉然响然，奏刀騞然，莫不中音。合于《桑林》之舞，乃中《经首》之会。文惠君曰："嘻，善哉！技盍至此乎？"

庖丁释刀对曰："臣之所好者道也，进乎技矣。始臣之解牛之时，所见无非全牛者。三年之后，未尝见全牛也。方今之时，臣以神遇而不以目视，官知止而神欲行。依乎天理，批大郤导大窾因其固然。技经肯綮之未尝微碍，而况大軱乎！良庖岁更刀，割也；族庖月更刀，折也。今臣之刀十九年矣，所解数千牛矣，而刀刃若新发于硎。彼节者有间，而刀刃者无厚；以无厚入有间，恢恢乎其于游刃必有余地矣。是以十九年而刀刃若新发于硎。虽然，每至于族，吾见其难为，怵然为戒，视为止，行为迟，动刀甚微，謋然已解，如土委地。提刀而立，为之四顾，为之踌躇满志，善刀而藏之。"

文惠君曰："善哉！吾闻庖丁之言，得养生焉。"

有一位厨师丁师傅为文惠君宰一只牛，一会儿用手抓住某部位，一会儿用肩扛住某部位，一会儿用脚踩住某部位，一会儿又用膝盖抵住某部位，刀进刀出，行动自如，刀声哗哗作响，好像听一首古时名曲。文惠君说："啊！太棒了！你宰牛的技术怎么这么高明啊？"

丁师傅放下屠刀，回答道："我在意的是道，不光是技术的问题。我刚开始宰牛时，只看到一头牛；三年之后，眼里看到的就不是一头全牛了。现在我宰牛不用眼看，而是靠神遇，感官已停止作用，动作自然而然由神驱使一样。下刀时依循牛的天然构造，在骨头空隙间用刀，都是顺其本来构造。我的刀从来都没碰到牛筋，更不用说牛骨了。技术好的师傅一年要换一次屠刀，因为他要割牛筋；技术一般的师傅一个月就要换把刀，因为他要砍牛骨。我这把刀十九年没换了，宰了上千头牛，还像新磨过的一样。牛的骨节有间隙，我的刀刃没厚度。用‘没厚度’去攻‘有间隙’，游刃有余。所以我的屠刀用了十九年还像新的一样。不过，每碰到筋骨聚集交错的地方，我知道有难度，会提高警惕，集中精力，小心用刀，直至哗啦一声，牛的骨和肉一下全部解开，像泥土一样散落在地上。此时我提刀而立，环顾四周，踌躇满志，再把刀收起来放好。”

“精彩极了！”文惠君说道，“听了丁师傅一席话，得了养生之道呢。”

文惠君这句话到底是什么意思呢？首先，自我修养，亦即“养生”，是一种“艺术”，要从“道”的层面来看，而不只是一个“技术”问题。再者，养生之道必须通过“实践”才能达到境界。用今天的话来说，丁师傅的表述似乎是在说，得道必须依赖“科学知识”，在这个例子中，就是要了解牛的解剖学构造。这从某种意义上说是对的。道家学说和科学不是相对立的，虽然它没有发展出现代意义上的科学。丁师傅在此强调的是，通过多年的实践，要达到“感官已停止作用”的阶段。该故事也告诉我们，如果你像丁师傅宰牛一样练习养生，养生之道是可以得到的。或许你也可以说：道就在屠夫手上。

美国著名诗人／哲学家斯奈德（Gary Snyder，1930—）曾对“庖丁解牛”的故事有酷评，他认为，这是一种基于“学徒工”的人生哲学：

> 这种故事不仅为精神层面和实践层面架起了桥梁，而且不无诱惑地给我们展示：如果我们一辈子热衷于某项事业，我们可以取得怎样的成就，达到怎样的境界。[1]

确实如此，道家学说对我们现代生活的很多方面都有所启示。道家思想有很多在现在说来是“政治正确”的观点，比如环保、平等、反对歧视等，以及用自然的超越境界来看待生死问题。

下面再从《庄子》引两个故事，都是庄子和惠子之间

1 Gary Snyder, *The Practice of the Wild*, San Francisco: North Point Press, 1990, p. 147.

的问答。《庄子》有很多庄子和惠子之间精彩的对话，惠子可以说是庄子的最佳辩论对手。

惠子谓庄子曰："吾有大树，人谓之樗。其大本臃肿而不中绳墨，其小枝卷曲而不中规矩。立之涂，匠者不顾。今子之言，大而无用，众所同去也。"

庄子曰："子独不见狸狌乎？卑身而伏，以候敖者；东西跳梁，不避高下；中于机辟，死于罔罟。今夫斄牛，其大若垂天之云。此能为大矣，而不能执鼠。今子有大树，患其无用，何不树之于无何有之乡，广莫之野，彷徨乎无为其侧，逍遥乎寝卧其下。不夭斤斧，物无害者，无所可用，安所困苦哉！"

惠子对庄子说："我那儿有棵大树，大家都叫它'樗'，也就是臭椿。它的树干疙里疙瘩，木匠没法弹墨线，它的树枝弯弯扭扭，圆不中规，直不中矩。长在路旁多年了，木匠走过连看也不看一眼。你的学说，就像这棵臭椿一样，大而无用，没人理睬。"

庄子说："先生您该见过野猫吧。它俯伏在暗处，静候鼠辈出来，一有机会便扑上去，东跳西跳，上下追赶，只顾捉鼠，不顾自身危险，直至自己落入捕网，死得悲惨。再说那传闻的牦牛吧，庞然大物，好像天上的云一般，真够大的了，却不会捕鼠。现在先生您

> 有棵大树，嫌弃它不中用，为什么不把它移植到乌托邦世界‘无何有之乡’，那里有无边无际的旷野，你可以在树旁闲逛，悠然自得，或者在树下躺卧，逍遥自在。在那儿，它不会遭到刀斧砍伐，也没有什么东西会去伤害它。它没有用，还有什么可怕的呢！”

庄子对“无何有之乡”之树的阐述，完全可以引申出深度生态哲学。现今环保观念往往都是基于人类中心主义，道家学说则完全相反。道家的自我一会儿可以转换成一只蝴蝶，一会儿又可以从一个大而无用的树的角度言说。在庄子看来，从他者的视角看问题不仅是可能的，而且是必需的。从他者的视角看问题往往会产生与众不同、非常激进的观点。请看以下的故事：

> 庄子妻死，惠子吊之，庄子则方箕踞鼓盆而歌。
>
> 惠子曰:“与人居，长子、老、身死，不哭，亦足矣，又鼓盆而歌，不亦甚乎！”
>
> 庄子曰：“不然。是其始死也，我独何能无概然！察其始而本无生；非徒无生也，而本无形；非徒无形也，而本无气。杂乎芒芴之间，变而有气，气变而有形，形变而有生。今又变而之死。是相与为春秋冬夏四时行也。人且偃然寝于巨室，而我嗷嗷然随而哭之，自以为不通乎命，故止也。”

> 庄子的妻子死了，惠子赶来吊唁，看到庄子叉开腿坐地上，正敲着瓦盆放声唱歌。
>
> 惠子说："你老婆和你过了一辈子，给你生孩子，伺候老小一家人，现在老了死了，你不哭也罢了，居然还敲盆高歌，这也太过分了吧！"
>
> 庄子说："你误会了，不是这个意思。她刚死的时候，我怎么能不悲伤！但我冷静下来一想，你看，最初之时，她也没有生命，不光没有生命，也没有形体，不光没有形体，也没有气。后来恍恍惚惚之际，阴阳二气交配，有了魂气。魂气一变，变成一个胚胎，有了形体。胚胎变成婴儿，生下来就有了生命。现在生命又变成死亡。这就像春夏秋冬时序的演变。现在她将回到大自然，以天地为屋，坦然安卧。假如我围着她嗷嗷哭啼，自己觉得太不懂得生命原理了。这样一想，我便节哀，敲盆唱起歌来。"

在妻子的尸体旁"鼓盆而歌"，这在儒士的眼里简直荒唐，即使今天也不符合我们的常理。但庄子对生命的自然态度也不无道理，我们今天生活中还有很多棘手议题，比如堕胎、安乐死等，也许道家理念能给我们以启示。

道家学说是一种很古老的哲学，却对我们的现代生活充满启迪。这是因为它的哲学主旨在于对文明的反动。其反文明批评今天读来反而会让人耳目一新，因为我们文明的负担越来越重。在中国历史上，人们主要是欣赏道家思想的心理和美学价值，在社会生活和政体管治方面，则依循儒家思想。但这并不是说在政治生活上道家没有话说。试举《道德经》两段话。这种反智、反文明的政治理想，恐怕很受极权体制的青睐：

> 不尚贤，使民不争；不贵难得之货，使民不为盗；不见可欲，使民心不乱。是以圣人之治，虚其心，实其腹，弱其志，强其骨；常使民无知无欲，使夫智者不敢为也。为无为，则无不治也。

> 不要提倡高尚的道德品格，这样人就不会去争；不要抬高珍稀货物的价值，这样人就不会去抢；不要展示勾人欲望的东西，这样人心也就不会乱。因此，圣人治理天下，要让人吃饱喝足，没心没肺，身体强壮，意志薄弱；要使民众永远处于无知无欲的状态，要使智者不敢轻举妄动。如此，什么都不用做，但一切都在掌控之中。

“无为无不治”带给我们什么样的世界呢？老子提供的是一幅“小国寡民”的蓝图，而它恰恰是现代中国的对立面——有人会说，“人口大国”和“强大的国家机器”正是当下中国面临的两个核心问题。但是我也不知道激进的反全球化抗议者，会不会认同以下老子的观点：

> 小国寡民，使有什伯之器而不用，使民重死而不远徙。虽有舟舆，无所乘之；虽有甲兵，无所陈之；使民复结绳而用之。甘其食，美其服，安其居，乐其俗。邻国相望，鸡犬之声相闻，民至老死，不相往来。

> 小国寡民，不要让人使用任何工具，让人怕死，不要出远门。即使有车有船也不要坐，即使有盔甲兵器，也不许佩戴，让人回到结绳记事的时代，让人丰衣足食，安居乐业。即使邻国就在咫尺，可以看到人脸，还能听到鸡叫狗叫的声音，但两国人民老死不相往来。

中式佛教：驯猴记

自汉朝灭亡（公元 220 年）以后，佛教便开始进入中国并影响中国人的生活。经过一千年的渗透（翻译、妥协、抵抗），到了明朝（1368—1644），人们已经习惯把儒道佛一起称为“三教合一”，这也说明佛教已经成为整个中国文化的一道风景。

佛教是由乔达摩·悉达多（约前 563—前 483）创建。他是当时一个小王国（现处尼泊尔境内）的王子，从小生活优裕，享受荣华富贵，但后来体察到民情，开始禁欲修炼，并于三十五岁时得道成佛，称释迦牟尼佛，也叫“佛陀”。

佛陀的“教”也许可以用一句话来概括：人生就是受苦、遭罪。而这都是欲望造成的，人的欲望是万恶之源。因此，必须清除一切享乐以及物质占有的欲念。但你又没有一个“自我”为基点走向救赎之道。相信存在一个固定的永恒的自我，这是一种自欺欺人的幻觉，只会阻碍修炼解脱之道，滋生私欲，诸如享乐、虚名、财富等。相反，佛教宣称个人没有自我，没有灵魂，所有的存在都是因缘和合的表现，个人的行为汇聚一起造成复杂的因缘网，既是物质的，也是精神的。也称作“因果报应”：意念和行为前后相关、互为因果。每一个行为都是先前一个行为的结果并导致下一个行为。因此，死亡并不是苦难的终结，因为生命是可以转换的：死了以后还有来生。生命不断重生，苦难也是永恒的。要终结苦难必须掐断、超越生命的循环。

怎么才能做到呢？佛教的教义有“八正道”，所谓正见、正思维、正语、正业、正命、正勤、正念、正定，这些是通往最高境界的正确途径。宗教生活还包括吃素、禁酒、禁欲（没有性生活）以及参与一些积极向上的宗教活动。如果一切都能做到十全十美，你就能进入“涅槃”：能够掐断生命循环的终极阶段，你也就成了“佛”。

在其历史发展中，佛教形成了两大宗派：小乘佛教和大乘佛教。前者主要流传至东南亚地区，强调通过个人修炼可以成佛，但你必须成为和尚/尼姑入寺修炼。后者主要传到中国和东亚地区，强调慈悲行善，普度众生。伴随着佛教传入中国和东亚地区，世界文化史上出现了一场跨文化翻译盛事，中文的词汇也得到大大扩展，有些用来翻译佛经的词汇，如“缘”“境界”等早就成为中文的普通词汇，现代人很少会想到这些词和佛教有关。

在讨论中式佛教时，也许我们可以抓住三个关键词：玄奘、观音、禅。玄奘，也就是“唐僧”，是唐朝时代的人，不畏艰难远涉印度取经，把佛教带到中国。大乘佛教中，菩萨是佛陀的胁侍，象征佛教的许多美德，分别代表佛陀个性的不同特征。佛陀有很多特征，所以也有很多菩萨。在中国，给代表慈悲的菩萨取了一个中文名字，叫“观音菩萨”。观音菩萨的形象在中国家喻户晓，甚至比佛陀更受欢迎。

佛教在中国的传播过程中，形成了很多具有本土色彩的宗派，最有名的就是禅宗，后又传到日本。中文的“禅”本来译自梵文“禅那”，意思为“静虑”“思维修”，修炼者要打坐静思，进入意识的深处冥思。到了唐朝，六祖惠能（638—713）使禅宗发扬光大，成为中国佛教最重要的一支。禅宗反对偶像崇拜，对佛陀、菩萨都不拜，甚至经书也不要。看见什么“杀”什么，才能得到解脱，所谓：“向里向外，逢著便杀。逢佛杀佛，逢祖杀祖，逢罗汉杀罗汉，逢父母杀父母，逢亲眷杀亲眷，始得解脱，不与物拘，透脱自在。”为了达到自由自在的超脱境界，禅宗提倡“顿悟”。

任何人在任何时候都能以最普通的方式得到解脱。人们之所以未能做到，正是因为我们的生活充满各种各样的羁绊，关键是首先要让你的思想得到解放。如何才能做到呢？禅师要大家练习“打坐”，清理我们心中的杂念，清除七情六欲，摆脱对外在事物的依赖，这些外在事物包括佛陀的教义、念经、拜佛像和各种仪式。禅宗提倡回归日常生活，批评寺庙里的和尚/尼姑都是社会的寄生虫。有些禅师坚持自己耕田种地。禅宗有一项教诲很有名，“扫地禅”，说的是每天扫地的行为中自有禅心在。

禅宗还通过“公案”来解禅悟道。禅师和弟子之间一问一答，这些问答往往旨在对常理进行质疑，跳出我们的庸常思维，出其不意地点明真理。比如，师傅对弟子会突然大吼一声，或者甚至击打身体。有时禅师会出一个谜语，或者给出的答案和问题毫无关系。比如，问：“什么是佛？”答：“麻三斤。”其实，最有名的一个公案来自《庄子》：

> 东郭子问于庄子曰：“所谓道，恶乎在？”庄子曰：“无所不在。”东郭子曰：“期而后可。”庄子曰：“在蝼蚁。”曰：“何其下邪？”曰：“在稊稗。”曰：“何其愈下邪？”曰：“在瓦甓。”曰：“何其愈甚邪？”曰：“在屎溺。”东郭子不应。

东郭子问庄子：“所谓‘道’，在哪里呢？”庄子答:"无所不在。"东郭子说:"你必须讲具体明白一点。"庄子说:"在蝼蚁之中。"问:"怎么这么低下?"答:"在稊稗里面。"问:"怎么更低下了?"答:"在砖头瓦片中。"问:"怎么越说越邪乎了?"答:"在屎尿中。"东郭子不吭声了。

《庄子》中的段落被用来阐释佛教教义，从这里也可以看到佛教在中国"汉化"的一面，所谓儒道释三教合一不是虚言。

或许，我们可以通过阅读《西游记》来窥探中式佛教。《西游记》是中国四大名著之一，发表于16世纪的明朝，作者是吴承恩。[1]小说的故事情节有其历史背景，即唐朝的玄奘（602—664）西域取经的事件。玄奘629年离开长安，经过甘肃、青海、哈密，跨越天山到达吐鲁番，再经过今天的吉尔吉斯斯坦、乌兹别克斯坦、阿富汗，最后于630年到达印度，在印度逗留十三年，于646年回到长安。之后他办学校建寺庙，从事译经事业，把从印度带回的经书译成中文。唐朝以后，民间开始流传各种唐僧到西天取经的故事，在明朝出版的《西游记》正是参考这些民间流传

1　现在我们都知道《西游记》作者叫吴承恩（约1500—1582），其实这是五四新文化时期被考证出来的。吴承恩要是地下有知，看到他这部小说成了四大名著之一，享誉世界，肯定十分惊讶，因为他身前曾极力隐瞒自己写了这部小说。在当时，士大夫文人写小说，可不是什么光彩的事。

的传奇故事汇总创新而成。

小说的情节围绕唐僧到西天取经，有四个徒弟陪同：孙悟空、猪八戒、沙和尚和白龙马。师徒一众人马一路历险，必须互相依赖协力合作，排除八十一难，最后才能取到真经，而一路磨难的经历，正是自我修炼的过程，最后唐僧、孙悟空都修成正果成佛，沙和尚和猪八戒也都成了菩萨。小说和历史最大的区别在于：历史上的唐僧在小说中不是主角，小说的主角是孙悟空，而小说里的唐僧懦弱可笑，妖怪一骗就上当，对孙悟空却很苛刻。

《西游记》当然可以在不同层次上来阅读。它是一部志怪魔幻小说，讲的都是一些妖魔鬼怪的故事；它也可以是一部游记，一路上浏览奇国异景；也可以读成一部幽默小说，从对孙悟空形象的描述到孙悟空和猪八戒之间的关系，简直处处都有幽默妙笔。当然，它更是一部宗教小说，从中可以看到中式佛教之一斑。小说中，儒道佛三教既并立又融合在一起，尽管小说中有许多地方也写到它们之间的相互竞争，甚至对抗。孙悟空的形象描绘也彰显了这一点。如果我们把孙悟空看成中国国民性的缩影，《西游记》就是以虚拟的叙述方式展示了中国人如何以自己的方式来应对佛教世界。

以孙悟空而不是唐僧作为小说主角，这当然很重要。小说的叙事结构也反映出来，前七回讲的是美猴王如何得道并大闹天宫的故事，八到十二回再引出唐僧和取经的缘由，十三至一百回才讲取经的过程——孙悟空作为徒弟，一路陪伴唐僧克服八十一难，最后大功告成。中国读者并不一定清楚师徒一众人马如何应对一个难接着一个难的具体细节，但是大多数儿童都知道“美猴王”“大闹天宫”的故事。

孙悟空是从一块石头迸裂出来的，乃天地精华风化所生。孙悟空产生于天地阴阳交配，这显然有道家的影子。这只猴子机灵勇敢，在花果山自然就做了一群猴子的头，还自称“美猴王”。要是他能满足于做一个猴王，自由自在享受花果，也就没有后来的故事，更谈不上到西天取经了。但“美猴王”不满足，他还想长生不老成仙（又是一个道教的专长）。他从一个道士那儿学到了一身本事，好不了得，能“七十二变”，可以变作各种动物，或者从自己身上拔根毫毛一吹,变出成百上千个自己。他还能“翻筋斗”，一个筋斗，就已过十万八千里。他还有一双“火眼金睛”，可以看穿妖魔鬼怪的各种伪装。最重要的是他有一根“如意金箍棒”，本来是东海龙王的定海神针，重一万三千五百斤，但可以任意伸缩，平时缩成一根细针藏在悟空的耳朵里。尽管道士一再强调要他学会本事后保持谦卑，但猴子总忍不住要炫耀，于是只好回到花果山做他的美猴王。但他还是不满足，得了道士传授的武艺之后，他现在想要到天宫做一个官（典型的儒家动机）。在中国人的宇宙观中，天宫简直就是人间皇宫的翻版，也有一个皇帝和一众天兵天将，等级分明，秩序井然。有意思的是，除了帝皇架构，还有两个并行的道教和佛教世界，各自有各自的神灵将帅，是玉皇大帝的贵宾朋友。为了遏制这只神通广大的野猴，玉皇大帝答应了美猴王的请求，给了他一个官职——“弼马温”，或者叫“皇家马房总管”。但孙悟空发现这是天宫职位最低的一个官位，感觉受辱，随即开始大闹天宫，然后回到花果山，给自己封号“齐天大圣”：你玉皇大帝有什么了不起，我美猴王要和你平起平坐！玉皇大帝手下一群天兵天将拿这个猴子一点办法也没有，只好让太上老君来帮忙。太上老君把这只猴子扔进他的炼丹炉烧了四十九天，非但没把他烧死，反而使他练就了一双“火眼金睛”。最后，玉皇大帝不得不请出佛陀。佛陀只和孙悟空玩了一个游戏。佛陀问孙悟空有什么本事，孙悟空骄傲地说，他能翻筋斗，腾云驾雾，一个筋斗就是十万八千里。佛陀说，那好，你能跳出我的手掌心，就算你赢。这猴子哪受得了这种侮辱，一跃而起，连翻几个筋斗，消失在云雾纵深之处。他突然看到前面有五根柱子，空气已经很稀薄，心想这必定是宇宙尽头。于是他在柱子底下撒了泡尿，做一个记号，以防回去后佛陀不认账。结果，那五根柱子原来是佛陀的五根手指。佛陀翻过手掌，把孙悟空压在山下五百年，直到唐僧路过，收他为徒，一起到西天取经。

对于“大闹天宫”的孙悟空，中国读者一般都比较同情，因为他们或多或少在孙悟空身上看到了自己。谁不想长生不老？谁不想做一个高官？他们可能都曾幻想能有孙悟空那样的神力，像美猴王一样自由自在。他们可能也都曾想像孙悟空大闹天宫一样挑战自己生活中碰到的各种权威。孙悟空被描绘成一个英雄，胆大包天又天真可爱，同玉皇大帝呆板又威权的形象正好相反。但另一方面，他的性格显然有缺陷。这些缺陷可以形容为“猴子嘻嘻”（或者叫“猴了吧唧”），粗鲁野蛮（或者用孔子的话说，叫“质”有余而“文”不足）。正因为他本事了得，神力无比，所以自我膨胀，谁都不放在眼里。结果驯一只野猴，还需要佛陀的介入。如果把孙悟空的性格看成中国国民性的缩影，引入佛教就是要纠正中国人性格中的猴子脾性，经历一次文明洗礼。要让孙悟空走上正轨，他必须走上朝圣的征途，协助唐僧克服八十一难，才能修成正果。

在朝圣取经的旅途中，孙悟空的性格得到大大改善。表面上看，到西天取经的旅途都是由佛陀预先安排好的，朝圣人马的选配也是由观音定好的，而且在艰难的旅程中，只要他们碰到无法对付的妖魔鬼怪，观音都会及时出现，降伏妖怪。但是不要忘了，朝圣征途的意义就在于旅途本身，你必须自己亲历才能有所收获。孙悟空的团队必须亲自扫除八十一难，一个接着一个，惊险过关。正是在经历这些磨难的过程中，我们看到孙悟空性格上的转变：变得不那么自我中心、狂妄自大，更加守纪律，更加乐意帮助别人，总是把师父的安全放在第一位，学会做团队的领袖和团队的一员，和猪八戒、沙和尚精诚合作共同对敌。一路过来，孙悟空竭尽全力，为保护唐僧奋不顾身，可以说，他最后修成正果成佛，是他完全应得的，实至名归。佛教的朝圣经历给我们带来了一个更为可爱可敬的孙悟空。

但是，有一点没有变：他的反叛性格。小说的叙事是围绕到西天取经的朝圣之旅展开，最后朝圣人员也都修成正果，并顺利把佛经取回了大唐，但在这个大框架下也同时充满着对佛教不断的批评甚至嘲讽。在小说中，唐僧名义上是佛教慈悲为怀的化身，但唐僧在旅程中的表现简直像一个小丑。他不仅软弱无能，而且他的善心往往误事。妖怪打扮成人骗唐僧，没有不成功的。而唐僧还反过来责怪孙悟空滥杀妖怪。当读者读到唐僧念紧箍咒惩罚孙悟空，责怪他又杀了好人，但实际上孙悟空能够看穿妖怪的本质，其实是在保护唐僧，读者很难欣赏唐僧那种慈悲和善心，反而会为孙悟空的机智和勇敢点赞。在小说中，唐僧作为佛教大师简直就是一个笑话。这对佛教教义的严肃性不失为一种讽刺。另外，小说中的天宫就像地上的天朝一样，充满傲慢、臃肿、无能和贪污，而且佛教世界也不清净完美。朝圣之旅是预先设置好的，但途中孙悟空仍要和各种妖魔鬼怪奋力搏斗才能度过种种艰险，因为这些妖怪都要吃唐僧肉，而这些妖怪往往都是来自佛教世界，有些是因为犯了什么错被贬为妖怪，有些则是因为疏忽遗留在人间作怪。也就是说，佛土世界本身也需要加强对自身的看管。小说最后，孙悟空一行终于来到佛陀的诞生地，读者又被提醒道，原来这里也有行贿，因为有些贪婪的和尚故意阻挠他们取得真经。

小说中对佛教最严厉的批评或许来自对“紧箍咒”的描绘。唐僧收孙悟空做徒弟时，为了约束控制孙悟空，在他头上套了一个紧箍，只要孙悟空野性发作、违背唐僧的意愿，唐僧便念咒语，紧箍就收缩，使孙悟空头痛难忍，只好乖乖听命。可是，唐僧往往错怪孙悟空，让孙悟空含冤忍痛。孙悟空从来都没答应受此约束限制。到了故事结尾处，孙悟空已经成佛，仍然对此念念不忘：

> 孙行者却又对唐僧道：“师父，此时我已成佛，与你一般，莫成还戴金箍儿，你还念甚么《紧箍儿咒》掯勒我？趁早儿念个《松箍儿咒》，脱下来打得粉碎，切莫叫那甚么菩萨再去捉弄他人。”

毫无疑问，佛教的引入对中国文化产生了深远的影响。但是，好像很难让孙悟空认真地把“菩萨”当回事。

第四章

诗意美学

中国文化是诗意文化。如果说中国人对宗教不那么认真，那么对诗人可一直都是五体投地，无论是在漫长的朝代期，还是在现代。一直到20世纪80年代，中国进入改革开放，年轻人的崇拜偶像还是诗人。当今大部分年轻人心中可能已经没有诗人了，他们可能更想成为下一个电商大佬或其他什么的。不过这也不好说，谁敢保证哪一天诗人不会又回来成为人们心目中的英雄。毕竟，在中国文化的血脉中永远跳着诗人的脉搏。今天中国人的生活虽然是“经济人”主宰的世界，但儿童还是要背唐诗宋词的。如果一位受过“教育”的中国人连几首著名的唐诗都不会，那简直是一种“原罪”，不用通晓《唐诗三百首》，但起码得知道十来首吧。

说中国文化是诗意文化，首先是因为，虽然中国文化的第一个繁荣期发生在春秋战国“百家争鸣”时期，出现了像老子、孔子这样的圣贤哲人，他们为以后中国文化的发展奠定了基本框架，但框架一旦确立，之后两千年的文化精英所贡献的就主要是文学了，而在中国的传统中，文学主要就是诗（仅次于“诗”的是“文”,或者叫“散文”）。这和西方的传统很不同，无论是从文类的角度还是从诗在整个文化中的角色而言。也就是说，诗是中国文化的宝藏，凝聚了两千年中国精英的知识生产及其智慧。其次，这个宝藏给中国文化赋予了一种美学境界，不光是知识精英，而且在一定程度上渗透到普通民众，他们的心灵都受到诗意美学的洗礼。

对中国人来讲，诗就是一种生活方式。

诗抒情，诗言志

> 诗者，志之所之也，在心为志，发言为诗，情动于中而形于言，言之不足，故嗟叹之，嗟叹之不足，故咏歌之，咏歌之不足，不知手之舞之，足之蹈之也。

这段话来自《毛诗序》，一般认为是孔子门徒子夏（前507—前400）所作。这应该是中国古籍中最早也是最有名的对诗下的定义之一。诗在中国文化中之所以如此举足轻重，其中一个重要原因就是《诗经》被定为儒家六经之一。一般认为《诗经》是由孔子亲自编定，是孔子之前好几个世纪的中国诗歌的汇总，一共收入约三百首诗（准确地说是三百零五首），所以也称《诗三百》。孔子显然非常看重《诗》的分量：

> 子曰："《诗》三百，一言以蔽之，曰：'思无邪'。"

《论语》中孔子对《诗》的评论还有：

> 子曰："小子何莫学夫《诗》？《诗》可以兴，可以观，可以群，可以怨。迩之事父，远之事君，多识于鸟兽草木之名。"

> 孔子说："年轻人，怎么不学点《诗》呢？《诗》可以帮助你表达，可以帮助你扩充视野，可以帮助你融入社群，可以帮助你抒发怨愤。在家可以帮助你侍父，在外可以帮助你侍君。另外，还可以让你多识些鸟兽草木的名称。"

现代批评家往往热衷于纠缠中国诗歌传统中所谓"言志派"与"抒情派"之间的冲突，前者被认为着重诗歌的道德熏陶功能，而后者着重抒发个人的情感。[1]这样一来，中国诗歌（乃至整个中国文学）便被干脆利索地分成两派："现实主义"和"浪漫主义"。如此简单划分基本上是一种现代偏见，对理解中国诗歌没什么用处。上引孔子的两段话，以及弟子子夏对诗的定义，根本没有把诗歌只限于道德范围。所谓"志"和"情"是相互交融的，它发自内心，是人之所以为人的功能。人都有"志"或"情"，诗就是用语言来表达人作为人都具有的情志，不够用时还可以加之以音乐、歌曲和舞蹈。人类的情感是各种各样的，儒家会认为，其中最主要的是人的道德情感。可是按照现代的区分，好像人类情感和道德、价值无关似的。

总之，中国诗歌一直都是抒情言志的，是人类生活中发自内心的情感表达。回顾传统，我们会发现，中国诗歌总体上围绕某些基本主题，包括爱情、思乡、离别、政治批评，尤其注重自由和"自然"。这些是我们以下讨论的焦点。例举的诗配上英译，以方便读者双语参考。

关关雎鸠，

"Guan, guan," cry the ospreys

---

1 有关详细讨论，可参见 James J. Y. Liu, *The Art of Chinese Poetry*, London: Routledge & Kegan Paul, 1962.

在河之洲。

On the islet in the river.

窈窕淑女，

Graceful is this fair maiden,

君子好逑。

A fine bride for a gentleman.

参差荇菜，

Thick and thin grows the water mallow,

左右流之。

Left and right one gets it in the flow.

窈窕淑女，

Graceful is this fair maiden,

寤寐求之。

Awake or asleep, I am seeking her.

求之不得，

Seeking though I was, I could not possess her,

寤寐思服。

Awake or asleep I was longing for her.

悠哉悠哉，

Alas, longing and forlorn

辗转反侧。

I tossed and turned in bed.

参差荇菜，
Thick and thin grow the water mallow,
左右采之。
Left and right one plucks it.
窈窕淑女，
Graceful is the fair maiden,
琴瑟友之。
With zither and zithern I will befriend her.
参差荇菜，
Thick and thin grows the water mallow,
左右芼之。
Left and right one gathers it.
窈窕淑女，
Graceful is this fair maiden,
钟鼓乐之。
With bells and drums I will gladden her.[1]

这是《诗经》开篇第一首诗，也是最有名的一首。传统上，这首诗曾经一直被读成一首政治隐喻诗，认为诗中的“君子”就是周朝的缔造者周文王（前 1152—前 1056），“淑

1 蔡宗齐英译，见 *How to Read Chinese Poetry*, Jie Cui and Zong-qi Cai eds., New York: Columbia University Press, 2012, pp. 1-2.

女”就是周文王的理想伴侣，旨在歌颂文王的美德。这种读法的唯一问题就是排他性。其实这样读本身没什么问题，而且还很有意思，但是如果不让有其他读法，这就成问题了。孔子都说了：整个《诗三百》，用一句话概括，叫“思无邪”。现在我们一般把它读作一首典型的爱情诗，这当然和“邪思”扯不上关系。相反，这首诗对于中国诗歌传统的贡献正在于对“爱情”的表达——少年男女之“情”难道不是人类最普通、最基本的情感吗？

这首诗在艺术上巧妙地采用了“兴”的表现手法（以鸟叫“兴起”爱慕的情感），再加上双声、叠韵、重叠，用四个字烘托出佳人的形象：窈窕淑女。几千年前的诗句，到今天已经成为汉语的常用词，这正是中国诗歌以及汉语本身的魅力。如果问当今中国男子，他们心目中理想的对象应该是什么形象，很多人还会说，是“窈窕淑女”。但这四个字到底是什么意思，恐怕就有很多种解释了。上引英文把它翻译成“a graceful fair maiden”，这是一个很不错的解释。辜鸿铭曾用“窈窕淑女”来引出他所谓的“理想的中国女性”论。他解释说，“窈”是指隐蔽、温柔、害羞，“窕”是指美丽可爱、大方有礼，“淑女”就是指纯洁忠贞的少女：

> 因此，在这首中国最古老的爱情诗里，你可以看到理想的中国女性的三大基本特征：不喜欢抛头露面、害羞，或者用法语说，叫 pudeur（腼腆）；有一种无

法言说的优雅，法文所谓 debonair（魅力）；以及纯洁或贞洁。总之，一个真正的中国女性是纯洁的，她幽静腼腆，又优雅动人，有迷人的魅力。这就是理想的中国女性——就是“中国女人”。[1]

中国诗歌传统里的爱情诗可谓数不胜数。很多情况下，整首诗或者诗中的一两行，已经成为现代汉语的一部分，深深嵌入中国文化的潜意识。

让我们再来读几首。

相见时难别亦难，

It is hard to meet, and parting is just as hard;

东风无力百花残。

The east wind is listless, hundreds of flowers withered.

春蚕到死丝方尽，

Not until its death does a spring silkworm stop spinning its threads;

蜡炬成灰泪始干。

Only when a candle's wick is burned to ashes, do its tears dry up.

---

1 Gu Hongming (Ku Hung-ming), *The Spirit of the Chinese People*, p.100.

晓镜但愁云鬓改，

Looking at the mirror at dawn, she would fear a change in her cloud-like temples;

夜吟应觉月光寒。

Chanting a poem at night, he would feel the moonbeams' coldness.

蓬山此去无多路，

Mount Peng is not that far from here

青鸟殷勤为探看。

Blue birds will be our messengers here-to-there.[1]

这是晚唐著名诗人李商隐（约 813—858）的一首“无题”诗。一般认为，中国的诗到了唐朝达到巅峰，无论从创作技艺还是美学角度来看都如此。李白（701—762）和杜甫（712—770）是唐诗乃至整个中国诗坛的两个标杆。清代有位学者编了一本《唐诗三百首》，很受欢迎，现今仍然是大众必备的唐诗选集。今天中国的孩童，如果成长过程中没读过《唐诗三百首》，恐怕会被视为没有“家教”，家长也会被人说“没有文化”。《唐诗三百首》选了 24 首李商隐的诗，数量排名第四，第一是杜甫（38 首），第二是王维（29 首），第三是李白（27 首）。李商隐的诗往往意象深奥，隐

1 *How to Read Chinese Poetry*, pp. 6–8, 蔡宗齐英译，译文稍有改动。

晦难懂。这首“无题”诗是中国诗歌中最有名的一首爱情诗，尤其三、四行用蜡烛和蚕丝来比喻爱情的诗句，更是脍炙人口。你要对你的心上人表达爱慕之情，是说“春蚕到死丝方尽，蜡炬成灰泪始干”，还是说“我爱你，我爱你，我多么爱你！”？

在漫长的中国诗意文化中，大部分诗人都是男性。这当然不假。但也有相当数量的女性诗人。特别是到了明清，涌现了上千名有诗集发表的女诗人。这在世界文学史上应该算一个奇景。最有名的女诗人当推宋代的李清照(1084—1155)。其实无论性别，李清照都是中国诗歌史上最杰出的诗人之一。李清照生于士大夫家庭，父亲曾任高官，也是一位颇负盛名的诗人，深受苏东坡赏识。虽然女性不能参加科举入仕途，许多士大夫家庭还是让女儿和儿子一起上私塾读书（在朝代期的中国，教育都是私立的）。李清照十八岁时嫁给了太学生赵明诚（1081—1129)，他也是一位金石家。两人婚姻美满，情投意合，过着丰富的文化生活，一起写诗、收集艺术品、研究金石学。他们的生活有许多趣事，其中一件是这样的：有一次赵明诚出差离家一阵，李清照给他寄了一首诗，表达思念之情，渴望他早日回家。赵明诚读到诗后，很受感动，但受好胜心驱使，他既没回复也没回家，而是把自己关在屋里写了十来首诗。一两个月之后，他把李清照寄来的诗和自己写的诗混合在一起，寄给了自己的一位至交。好朋友看完后，回复说，只有两三行是真正的好诗，而它们都是出自李清照。中国的诗分诗、词以及赋等，到了宋代，词高度发达，特别是用来表达爱情、欲望等个人情感。词是按照乐曲调子来填写的，李清照无疑是作词高手。下面这一首词是李清照按“一剪梅”的调子而作，表达“相思愁”：

红藕香残玉簟秋。

The fragrance of the red lotus lingers and the jade-like bamboo mat spreads the air of autumn.

轻解罗裳，

Gently, I take off my silk skirt.

独上兰舟。

Alone, I board a magnolia boat.

云中谁寄锦书来?

Through the clouds who's sent a love letter ?

雁字回时，

The wild geese're returning, arrayed like a character when

月满西楼。

the moonlight fills the western pavilion.

花自飘零水自流。

All by themselves, the flowers fade and fall, and the water flows on.

一种相思，

One type of love-sickness;

两处闲愁。

two places of idled sadness.

此情无计可消除，

This love-sickness, there is no way to eliminate it:

才下眉头，

Just get it down the brows,

却上心头。

It comes back again to my heart.[1]

中国诗本质上都是“抒情”的，因为诗就是人类情感的表达。爱情当然是人类最古老永恒的主题。不过也还有其他类型的情感，特别是和家庭有关、表达离别的情感，也是中国诗经常出现的主题。鉴于家庭观念在中国文化中的主导地位，这是完全可以理解的。下面这首李白的《静夜思》就表达了“思乡”情怀：

床前明月光，

Before my bed, the bright moonlight

1 *How to Read Chinese Poetry*, p. 18–19.

疑是地上霜。

I mistake it for frost on the ground

举头望明月，

Raising my head, I stare at the bright moon;

低头思故乡。

Lowering my head, I think of my home far away.[1]

这首诗用词非常简单，明月的意象鲜明，加上押韵，读起来朗朗上口，备受中国读者喜爱，一千多年来一直如此。如果一定要从中国诗歌中举出一首最为普及、人所皆知的诗，应该就是它了。中国小孩开始学说话背唐诗，往往先背这一首。所以中国人从孩童时就受到熏陶，知道月亮富有诗意，可以抒发情感（中国诗歌中颂月的诗比比皆是，却没有什么赞颂太阳的）。可以这么说：在中国文化里，如果不知道李商隐的名句"春蚕到死丝方尽，蜡炬成灰泪始干"，人家可能会觉得这个人"没文化"，但如果没听说过李白的"静夜思"，那他简直就不是中国人了。

如果说李白是历来最伟大的诗人，那么苏东坡应该说是史上最了不起的文人，或者叫"最有文化"的人。苏东坡做官，一心为民，但仕途坎坷。另外，他在当时的科学和艺术的众多领域都有建树。他是一位药物学家、一位美

1 *How to Read Chinese Poetry*, p. 110, Charles Egan 英译，译文稍有改动。

食家（“东坡肉”就是以他的名字命名的），也是一位技艺出众的书法家和画家。在文学上，他同他的父亲与弟弟一起皆位列“唐宋古文八大家”；而在诗歌的创作上，无论是赋，还是诗，或是词，他的造诣都很高。特别是词，他把词的创作推到了一个新的高度。

我们这里读两首苏东坡的作品，一首是他写给弟弟的诗，一首是纪念亡妻的词：

辛丑十一月十九日既与子由别于郑州西门之外马上赋诗一篇寄之

Xin-chou Eleventh Month, Nineteenth Day (1061): having parted from Zi-you outside the West Gate, I wrote this poem on horseback and sent it to him

不饮胡为醉兀兀，

I haven't been drinking—why this wobbly drunken feeling？

此心已逐归鞍发。

My heart races after you as you turn your horses toward home,

归人犹自念庭闱，

the homebound thinking of course of a parent there,

今我何以慰寂寞。

but how am I to ease my loneliness ?

登高回首坡垅隔，

Climbing a rise, I look back—you've gone beyond the slope;

惟见乌帽出复没。

All I see is a black hat bobbing up, then disappearing.

苦寒念尔衣裘薄，

Bitter cold, and I recall what thin clothes you're wearing,

独骑瘦马踏残月。

riding alone on a skinny horse, treading the last of the moonlight.

路人行歌居人乐，

People go down the road singing, people in houses are merry;

僮仆怪我苦凄恻。

my groom can't understand why I'm so terribly gloomy.

亦知人生要有别，

I do know life must have its partings;

但恐岁月去飘忽。

Just afraid the months and years will whirl away too fast!

寒灯相对记畴昔，

Facing each other by the cold lamp—I remember it as yesterday.

夜雨何时听萧瑟？

When will we listen to the soft rustle of night rain again ?

君知此意不可忘，

You'll surely keep our agreement:

慎勿苦爱高官职。

Not to get too wrapped up in dreams of high office![1]

中国诗的题目可以是“无题”（李商隐的很多诗便是），或者是一长串文字，把写诗的背景都交代清楚。如果你不知道“子由”就是苏轼的弟弟苏澈，你很可能会认为这是诗人写给他情人的（我每次问我的学生，他们都这么认为）。什么“苦寒念尔衣裘薄”（天冷，怕你衣服穿少了），什么“夜雨何时听萧瑟”（夜晚一起听雨声），今人听来好似情人之间的窃窃私语。然而，兄弟情，以及士大夫之间的友情，也是中国诗歌里经常出现的主题，特别是离别时的赠诗。写这首诗时，苏东坡才二十六岁，由此可以看出他对人生的领悟已经达到一个很高的境界，不仅体现出深厚的

1 *Selected Poems of Su Tung-p'o*, trans. Burton Watson, Port Townsend, WA: Copper Canyon Press, 1994, p. 21.

手足之情，而且表达了一种超脱的情怀。

如果说苏东坡给弟弟的诗读起来亲切真诚，那么下面这首悼念亡妻的词读起来则让人有一种刺骨的感伤。

十年生死两茫茫，
Ten years—dead and living dim and draw apart
不思量，
I don't try to remember
自难忘。
but forgetting is hard.
千里孤坟，
Lonely grave a thousand miles off,
无处话凄凉。
cold thoughts—where can I talk them out ?
纵使相逢应不识，
Even if we met you wouldn't know me,
尘满面，
dust on my face,
鬓如霜。
hair like frost.
夜来幽梦忽还乡，
In a dream last night suddenly I was home.

小轩窗，

By the window of the little room

正梳妆。

you were combing your hair and making up.

相顾无言，

You turned and looked, not speaking,

惟有泪千行。

only lines of tears coursing down—

料得年年肠断处，

year after year will it break my heart ?

明月夜，

The moonlit grave,

短松冈。

its stubby pines.[1]

这首词是苏东坡写给亡妻王弗（1039—1065）的。她是苏东坡的第一任妻子，十六岁时嫁给苏东坡，也就是苏轼赴京会考的前一年，十年以后去世。王弗去世三年后，苏东坡又娶王弗堂妹王闰之（1048—1093）为妻，之后十五年，王闰之一直跟随苏东坡到处流浪，去世时四十六岁。苏东坡的第三任妻子是王朝云（1062—1095），她本来

1 *Selected Poems of Su Tung-p'o*, trans. Burton Watson, p. 65.

是杭州的歌姬，十二岁时被苏东坡赎回家，后收为侍妾，也跟着苏东坡颠沛流离，浪迹天涯。苏东坡和朝云之间有很多花边故事，朝云貌美声甜，人又聪明，苏东坡很喜欢她，也给她写过许多诗。但他很爱王闰之，死后也是和她葬一起。而他的第一任妻子王弗，可以说因这首词而被中国文化永远铭记了。说苏东坡是中国文化中最“有文化”的人，首先是指他那超大的胸怀和充满爱的人格，从这首悼念亡妻的词中，我们能够强烈地体会出来。当然，它也成为中国诗歌传统中最为著名的诗词之一。

苏东坡这两首诗，一首是因和弟弟的暂别而作，一首是因亡妻的永别而作。下面这一首杜甫的诗，描写的是另一种离别——被战争强行拆散的父子间的生离死别：

兵车行

The Ballad of the Army Wagons

车辚辚，马萧萧，

The din of waggons! Whinnying horses!

行人弓箭各在腰。

Each marcher at his waist has bow and quiver;

耶娘妻子走相送，

Old people, children, wives, running alongside,

尘埃不见咸阳桥。

Who cannot see, for dust, bridge over river:

牵衣顿足拦道哭，

They clutch clothes, stamp their feet, bar the way weeping,

哭声直上干云霄。

Weeping their voices rise to darkening Heaven;

道旁过者问行人，

And when the passers-by question marchers,

行人但云点行频。

The marchers but reply, ‘Levies come often:

或从十五北防河，

‘They take us at fifteen for up the river,

便至四十西营田。

To garrison the West, they’ll take at forty,

去时里正与裹头，

Your Headman has at first to tie your turban,

归来头白还戍边。

Grey-headed you come back home, then back to duty-

边庭流血成海水，

‘The blood that’s flowed out there would make a sea, Sir!

武皇开边意未已。
Our Lord, his lust for land knows no degree, Sir!
君不闻，
But have you not heard
汉家山东二百州，
Of House of Han, its East two hundred regions
千村万落生荆杞。
Where villages and farms are growing brambles ?

纵有健妇把锄犁，
'That though a sturdy wife may take the plough, Sir,
禾生陇亩无东西。
You can't see where the fields begin and end, Sir ?
况复秦兵耐苦战，
That Highlanders fare worst, they're hardy fighters
被驱不异犬与鸡。
And so they are driven first, like dogs and chickens ?

长者虽有问，
'Although you, Sir, ask such kind questions,
役夫敢申恨？
Dare the conscripts tell their wretchedness ?

且如今年冬，

How, for instance, only last winter

未休关西卒。

The Highland troops were still in the line

县官急索租，

When their Prefect sent urgent demands,

租税从何出？

Demands for tax, I ask you, from where ?

信知生男恶，

Son now we know, no good having sons,

反是生女好。

Always better to have a daughter:

生女犹得嫁比邻，

For daughters will be wed to our good neighbours

生男埋没随百草。

When sons are lying dead on Steppes unburied!

君不见，

'But have you not seen

青海头，

On the Black Lake's shore

古来白骨无人收。

The white bones there of old no one has gathered,

新鬼烦冤旧鬼哭，

Where new ghosts cry aloud, old ghosts are bitter,

天阴雨湿声啾啾。

Rain drenching from dark clouds their ghostly chatter ?'[1]

中国文学史上的李杜之争（谁是唐朝乃至历代最伟大的诗人）一直延续了上千年。一般认为，李白才华横溢，其自由浪漫的性格在诗中表露无遗，而杜甫的诗着重社会政治议题，关注天下百姓，为人民发声，尤为感人深沉。从这个意义上说，杜甫更是一位儒家诗人，承继了儒士说真话的传统。上面这首诗绝对是一首典型的反战诗，超越任何国家、文化的界限。露在旷野的“白骨无人收”，“新鬼烦冤旧鬼哭，天阴雨湿声啾啾”，这种惊人的自然主义意象，是对人类战争的残酷性最有力的控诉，不管发生在什么时候、在哪一个国家。

---

1 *Li Po and Tu Fu*, trans. Arthur Cooper, Penguin Books, 1973, pp. 167–168.

超脱与自由

在源远流长的抒情传统中，中国诗歌发展出了一种特有的人生哲学，为中国文化奠定了美学基础。这种人生哲学的主旨是超脱和自由。现代评论家林语堂曾这样总结道：

> 通过考察中国文学和哲学，我发现中国文化的最高理想人物是一位达观者，他对人生的意义祛魅后仍保有智慧。这种达观态度产生一种宽广的胸怀，让人带着宽容的反讽度过一生，拒绝名利的诱惑，坦然面对这个世界。[1]

在中国诗歌传统中，最能体现这种美学境界的是陶渊明（365—427）。正是在陶渊明的诗作中，我们得以发现“人类智慧以宽容的反讽精神臻至完善”。[2]但事实上，对陶渊明的认可和欣赏不是一蹴而就的，而是经历了时代的磨炼。陶渊明在世时并没有得到重视，只是被看作一个三四流的诗人。到了唐朝和宋朝，中国诗歌不仅在创作技艺上日益精致完美，而且在审美趣味上日益成熟，正是在这种大环境中，陶渊明的地位节节上升。杜甫非常欣赏陶渊明，而

---

1 Lin Yutang, *The Importance of Living*, New York: Reynal & Hitchcock Inc., 1937, pp. 1–2.

2 同上，第 115 页。

到了苏东坡，已经是顶礼膜拜了。苏东坡自己写了一百多首“和陶”诗，好像自己就是陶渊明再生。在苏东坡看来，陶诗的美正在于其用词简明却又意蕴深远，在这一点上，甚至连杜甫的诗都比不上。正是陶诗所呈现的诗人陶渊明的人格个性，为后世树立了榜样，为后人仰慕且自勉。

陶渊明的许多诗都可以看成他自己生活的实录，而且他还写过一篇自传《五柳先生传》，虽然用的是第三人称：

> 先生不知何许人也，亦不详其姓字，宅边有五柳树，因以为号焉。闲静少言，不慕荣利。好读书，不求甚解；每有会意，便欣然忘食。性嗜酒，家贫不能常得。亲旧知其如此，或置酒而招之；造饮辄尽，期在必醉。既醉而退，曾不吝情去留。环堵萧然，不蔽风日；短褐穿结，箪瓢屡空，晏如也。常著文章自娱，颇示己志。忘怀得失，以此自终。

> 我不知道这位先生是哪里人，也不清楚他姓什么叫什么名，因为他门前有五棵杨柳树，就叫他“五柳先生”了。他性格宁静温和，很少说话，也不羡慕功名利禄。他喜欢读书，但只要领会要旨，不追求逐字逐句的诠释；一旦读到自己喜欢的地方，便废寝忘食。他本性嗜酒，但因为家贫，不可能经常喝得到。亲戚朋友知道他的处境，会邀请他过去喝一杯；去了总是

> 一醉方休，喝醉了就回家，招呼也不打一声。他住的茅屋四壁空荡荡，遮不住风雨；他穿着粗布短衣，上面打满了补丁，灶台锅里往往是空的，他也无所谓。他喜欢写诗作文，自娱自乐而已，但从中也可看出他的志趣所在。他从没把功名成就放在心上，就这么过了一生。

因此陶渊明也称“五柳先生”。这个传记虽然很短，但基本上抓住了陶渊明一生及其生命哲学的要素。我们知道他嗜酒，经常喝醉，这在他的诗中经常提到；但伪装在陶渊明的酒和醉后面的，是他的宽容的反讽精神。这段传记中的关键词是“不慕荣利”和“忘怀得失”。当然，这个说起来容易，做起来难。但是，他做到了，而且乐在其中。我们知道，陶渊明也曾做过官，养家糊口没问题。如果他能保住官位，积极表现，仕途也许步步高，说不定也能“荣利”双收。可惜，诗人个性强，不善社交，不愿讨上级领导喜欢，要想仕途一帆风顺谈何容易。所以陶渊明“不为五斗米折腰”，宣告辞官回家种田，而且余生一直在明志不后悔。要知道这个决定是要付出代价的，你得能够守住清贫，穿打满补丁的粗布短衣，经常断粮吃不饱饭，因为“种田”很难温饱。陶渊明也许是中国诗人中极少数真的要过饭的，如下面这首诗所述：

乞食

Begging for Food

饥来驱我去，

Hunger came and drove me out

不知竟何之。

To go I had no notion where.

行行至斯里，

I walked until I reached this town,

叩门拙言辞。

Knocked at a door and fumbled for words

主人解余意，

The owner guessed what I was after

遗赠岂虚来。

And gave it, but not just the gift alone.

谈谐终日夕，

We talked together all day long,

觞至辄倾杯。

And drained our cups as the bottle passed.

情欣新知欢，

Happy in our new acquaintance

言咏遂赋诗。

We sang old songs and wrote new poems.

感子漂母惠，

You are as kind as the washerwoman,

愧我非韩才。

But to my shame I lack Han's talent.

衔戢知何谢，

I have no way to show my thanks

冥报以相贻。

And must repay you from the grave.[1]

只有了解了“乞食”时“叩门拙言辞”的窘境，我们才能读懂陶渊明“田园生活”的真正意境。陶渊明的人生哲学就是“归园田居”，他有两首诗着重描述其中心思想，一首是“辞”，一首是“诗”，都是这一思想的宣言。

归去来兮，

Ah, homeward bound I go!

田园将芜胡不归？

Why not go home, seeing that my field and garden with weeds are overgrown？

1 *The Poetry of T'ao Ch'ien*, trans. James Robert Hightower, Oxford University Press, 1970, p. 62.

既自以心为形役，

Myself have made my soul serf to my body:

奚惆怅而独悲？

Why have vain regrets and mourn alone ?

悟已往之不谏，

Fret not over bygones

知来者之可追。

And the forward journey I take.

实迷途其未远，

Only a short distance have I gone astray,

觉今是而昨非。

And I know today I am right, and yesterday a mistake.

舟遥遥以轻飏，

Lightly floats and drifts the boat,

风飘飘而吹衣。

And gently flows and flaps my gown.

问征夫以前路，

I inquire the road of a wayfarer,

恨晨光之熹微。

And sulk at the dimness of the dawn.

乃瞻衡宇，

Then when I catch sight of my old roofs,

载欣载奔。

Filled with joy I run.

僮仆欢迎，

The servant boy comes to welcome me,

稚子候门。

My little son greets me at the door.

三径就荒，

Gone to seed are my garden paths,

松菊犹存。

But pines and chrysanthemums are still here.

携幼入室，

I lead the young boy in by the hand,

有酒盈樽。

And on the table there stands a cup full of wine!

引壶觞以自酌，

Holding the pot and cup I give myself a drink,

眄庭柯以怡颜。

Happy to see in the courtyard the hanging bough.

倚南窗以寄傲，

I lean upon the southern window with an immense satisfaction,

审容膝之易安。

And note that the little place is cosy enough to walk around.

园日涉以成趣，

The garden grows more familiar and interesting with the daily walks.

门虽设而常关。

What if no one knocks at the always closed door!

策扶老以流憩，

Carrying a cane I wander at peace,

时矫首而遐观。

And now and then look aloft to gaze at the blue above.

云无心以出岫，

There the clouds idle away from their mountain recesses aimlessly,

鸟倦飞而知还。

And birds, when tired of their wandering flights, will think of home.

景翳翳以将入，

Darkly then fall the shadows and, ready to come home,

抚孤松而盘桓。

I yet fondle the lonely pines and loiter around.

归去来兮，

Ah, homeward bound I go!

请息交以绝游。

Let me from now on learn to live alone!

世与我而相违，

The world and I are not made for one another,

复驾言兮焉求？

Why drive round like one looking for what he has not found ?

悦亲戚之情话，

Content shall I be with conversations with my own kin,

乐琴书以消忧。

And there will be music and books to while away the hours.

农人告余以春及，

The farmers will come and tell me that spring is here,

将有事于西畴。

And there will be work to do at the western farm.

或命巾车，

Some order covered wagons,

或棹孤舟。

Some row in small boats.

既窈窕以寻壑，

Sometimes we explore quiet, unknown ponds,

亦崎岖而经丘。

And sometimes we climb over steep, rugged mounds.

木欣欣以向荣，

There the trees, happy of heart, grow marvellously green,

泉涓涓而始流。

And spring water gushes forth with a gurgling sound.

善万物之得时，

I admire how things grow and prosper according to their seasons,

感吾生之行休。

And feel that thus, too, shall my life go its round.

已矣乎！

Enough!

寓形宇内复几时？

How long yet shall I this mortal shape keep ?

曷不委心任去留？

Why not take life as it comes,

胡为乎遑遑欲何之？

Why hustle and bustle like one on an errand bound ?

富贵非吾愿，

Wealth and power are not my ambitions,

帝乡不可期。

And unattainable is the abode of the gods!

怀良辰以孤往，

I would go forth alone on a bright morning,

或植杖而耘耔。

Or perhaps, planting my cane, begin to pluck the weeds and till the ground.

登东皋以舒啸，

Or I would compose a poem beside a clear stream,

临清流而赋诗。

Or perhaps go up Tungkao and make a long-drawn call on the top of the hill.

聊乘化以归尽，

So would I be content to live and die,

乐夫天命复奚疑！

And without questionings of the heart, gladly accept

Heaven's will.[1]

归园田居·其一

Return to the Farm

少无适俗韵，

From early days I have been at odds with the world,

性本爱丘山。

My instinctive love is hills and mountains.

误落尘网中，

By mischance I fell into the dusty net

一去三十年。

And was thirteen years away from home.

羁鸟恋旧林，

The migrant bird longs for its native grove,

池鱼思故渊。

The fish in the pond recalls the former depths.

开荒南野际，

Now I have cleared some land to the south of town,

守拙归园田。

Simplicity intact, I have returned to farm.

---

1 引自 Lin Yutang, *The Importance of Living*, pp. 118–120。英译稍有改动。

方宅十余亩，

The land I own amounts to a couple of acres

草屋八九间。

The thatched-roof house has four or five rooms.

榆柳荫后檐，

Elms and willows shade the eaves in back,

桃李罗堂前。

Peach and plum stretch out before the hall.

暧暧远人村，

Distant villages are lost in haze,

依依墟里烟。

Above the houses smoke hangs in the air.

狗吠深巷中，

A dog is barking somewhere in a hidden lane,

鸡鸣桑树颠。

A cock crows from the top of a mulberry tree.

户庭无尘杂，

My home remains unsoiled by worldly dust

虚室有余闲。

Within bare rooms I have my peace of mind.

久在樊笼里，

For long I was a prisoner in a cage

复得返自然。

And now I have my freedom back again.[1]

显然，陶渊明通过回归而获得并要庆贺的，就是自由。陶渊明没有详细说明他说的“樊笼”指的是什么，只是说现在逃脱了“尘网”。从狭义上说，它指的是仕途生涯，但从广义上讲，它指的是整个社会生活。如此，它是对整个儒家“治国平天下”理念的反动。陶渊明宣告的是脱离“尘网”的道家式退隐。而更为重要，也更有意思的是：他要退隐去哪里。虽然他说“性本爱丘山”，但他主要是回归到“田园”，回归到农夫的生活：几亩耕地，几间草屋，几棵桑树，鸡鸣狗吠，还有他的家人——儿子在门口相迎，妻子已经把酒端上饭桌。这些当然都是一个农夫生活中最普通不过的事。而经过陶渊明的诗意赞颂，它们又被赋予了全新的更为高尚的象征意义，被当成脱离“尘网”退隐田园的依托。陶渊明宣告归园田居，过简单的农夫生活，从“尘网”中超脱出来，以此为乐，拥抱自由，安于自然，即使这种生活经常得忍受清贫。这就是陶渊明的“宽容反讽”的精神。从根本的意义上说，陶渊明的人生哲学也是儒家的，虽然他抛弃了儒家的仕途价值观，但他的退隐仍然是现世的，并不一定追求旷野的“山丘”，而是此时此刻的普

1　*The Poetry of T'ao Ch'ien*, trans. James Robert Hightower, 1970, p. 50.

通农夫家庭生活。战国时中国产生了第一位大诗人屈原(约前 340—前 278)。他不满生活现状，上下而求索，探寻生命的意义，发出“九问”，也没有得到答案，于是跳江自杀了。今天中国人过端午节划龙舟吃粽子，就是纪念这位杰出的诗人。但是，自陶渊明以后，便没有诗人自杀了，一直要到现代才又出现。陶渊明给中国诗人指出了一条出路：以“宽容反讽”的精神拥抱农夫的简单生活。当然，陶渊明不是一个普通的农夫，他是一位诗人农夫。中国文学中陶渊明是一个“采菊东篱下，悠然见南山”的诗人农夫形象，过着简单悠然的生活，时时沉迷于哲学冥思之中，正如其“饮酒”诗所言：

饮酒·其五

Drinking Wine (No. 5)

结庐在人境，

I built a hut beside a travelled road

而无车马喧。

Yet hear no noise of passing carts and horses.

问君何能尔？

You would like to know how it is done？

心远地自偏。

With the mind detached, one's place becomes remote.

采菊东篱下，

Picking chrysanthemums by the eastern hedge

悠然见南山。

I catch sight of the distant southern hills:

山气日夕佳，

The mountain air is lovely as the sun sets

飞鸟相与还。

And the flocks of flying birds return together.

此中有真意，

In these things is a fundamental truth

欲辨已忘言。

I would like to tell, but lack the words.[1]

陶渊明声称他能够生活在现世同时又超脱之，这样就能获得心境自由。然而，随着佛教对中国文化的影响越来越大，中国诗歌发展出一种禅诗美学，强调要获取自由，基本上必须离开这个“尘世”，退隐至深山老林，忘我修炼，才能顿悟。最有禅意的诗人当推唐朝的王维（699—761），他是一位虔诚的佛教徒，写诗画画都是一流。我们可以看下面这首禅诗：

1　*The Poetry of T'ao Ch'ien*, trans. James Robert Hightower, 1970, p. 130.

竹里馆

The Lodge in the Bamboo Grove

独坐幽篁里，

Alone I sit deep in the bamboo grove,

弹琴复长啸。

Plucking the lute and whistling along.

深林人不知，

In the deep woods: no one knows,

明月来相照。

The bright moon comes to shine upon me.[1]

从这个例子可以看出，禅意诗一般都比较短，都是五言绝句（日本诗歌还发展出三行的俳句）。这是因为禅意诗都是为了捕捉“禅”，语言本来就是多余的，只能把它看成一种临时工具，顿悟通禅之后即刻便可抛弃。禅意诗旨在描绘一种宗教氛围，渲染气氛，以利于解禅顿悟，于是诗的意境犹如一幅印象派风景画。王维的禅诗意象清澈宁静，如山水画一般。其实在这里诗画已经不可分，一个硬币的两面而已。用苏东坡的话说，王维的诗画就是一体：诗中有画，画中有诗。而里面基本上没人。这类山水画里

1 *How to Read Chinese Poetry*, p. 55, 蔡宗齐英译。

人物形象往往很小很小，基本上看不到。正如王维这首诗，焦点不是这位“弹琴者”，而是整首诗营造的氛围：从竹林深处突然飘过来一阵琴声，一轮明月横空映照。

王维在中国和世界上都很出名，还有一位唐朝和尚诗人叫寒山，虽然在中国并没有太多人知道，可在国际上已颇负盛名。20 世纪 60 年代西方青年反抗现代物质主义价值观，寻求个人自由，他们在东方的禅宗里找到了同盟获取了灵感。美国著名诗人加里 · 斯奈德通过翻译“寒山诗”让寒山复活了：

可笑寒山道，
The path to Han-shan's place is laughable,
而无车马踪。
A path, but no sign of cart or horse.
联谿难记曲，
Converging gorges—hard to trace their twists
叠嶂不知重。
Jumbled cliffs—unbelievably rugged.
泣露千般草，
A thousand grasses bend with dew,
吟风一样松。
A hill of pines hums in the wind.

此时迷径处，

And now I've lost the shortcut home,

形问影何从？

Body asking shadow, how do you keep up？[1]

有意思的是，这首诗和上引陶渊明的“饮酒”诗在很多方面遥相呼应。和陶渊明的诗一样，寒山的诗用词也非常简单（甚至让人误以为太过简单）。“形”和“影”的问答也是陶诗中经常出现的主题。“而无车马踪”几乎是照抄“而无车马喧”，但两者的美学趣味有明显的区别：陶渊明的超脱是要“结庐在人境，而无车马喧”，而寒山得道通禅的路上则是看不见任何“车马的踪迹”。陶渊明的世界是一个退隐诗人的孤独的世界，甚至是一个清贫挨饿的世界，但仍然有温馨在，“田园”里还有鸡鸣狗吠；而寒山的世界是一个和尚诗人僻静肃穆的世界，一个“寒山”世界。

我觉得，中国人之追求个人和精神自由，还是更喜欢进入一个较为温馨的超脱的世界，过简单的生活，亦自得其乐，正如下面这首“乐隐诗”所描绘的那样。这是朝代期晚期出现的一首匿名诗，在士大夫阶层乃至民间流传。林语堂曾把它译成英文，并冠名为“乐隐诗”：

1 Gary Snyder, *No Nature*, New York: Pantheon Books, 1992, p.23.

水竹之居
吾爱吾庐
石磷磷乱砌阶除
轩窗随意
小巧规模
却也清幽
也潇洒
也宽舒

I love my bamboo hut, by water included
Where rockery o'er stone steps protruded
A quiet, peaceful study, small but fine:
Which is so cozy,
So delightful,
So secluded.

阆苑瀛洲
金谷红楼
算不如茅舍清幽
野花绣地
莫也风流
也宜春
也宜夏

也宜秋

No marble halls, no vermillion towers
Are quite so good as my secluded bowers
The lawn embroidered so with buttercups
Greets me in rain—
Or in shine—
Or in showers.

短短横墙
矮矮疏窗
忔憧儿小小池塘
高低叠障
绿水旁边
也有些风
有些月
有些凉

A short, low wall, with windows hid by trees;
A tiny, little pond myself to please;
And there upon its shady banks:
The fresh air—
A little moon—
A little breeze!

懒散无拘
此等何如
倚阑干临水观鱼
风花雪月
赢得工夫
好炷些香
说些话
读些书
And how about a quiet life leading ?
From balcony watch the fish feeding,
And earn from moon and flowers a leisure life:
Have friendly chats—
Some incense—
And some reading ?

日用家常
竹几藤床
靠眼前水色山光
客来无酒
清话何妨
但细烹茶
热烘盏
浅烧汤

For household use, some furniture decrepit.
Tis enough! The hills and water so exquisite!
When guests arrive, if there's no wine:
Put on the kettle—
Brew the tea—
And sip it!

净扫尘埃
惜尔苍苔
任门前红叶铺阶
也堪图画
还有奇哉
有数株松
数竿竹
数枝梅
O sweep thy yard, but spare the mossy spots!
Let petals bedeck thy steps with purple dots.
As in a painting! What' more wonderful:
Some pine trees—
And bamboos—
And apricots!

酒熟堪酾

客至须留
更无荣辱无忧
退闲一步
着甚东西
但倦时眠
渴时饮
醉时讴
When friend arrives that thou hast so admired,
As by some idle nothing in common inspired,
Ask him to stay and throw away all cares:
And drink when happy—
Sing when drunk—
Sleep when tired.

花木栽培
取次教开
明朝事天自安排
知他富贵几时来
且优游
且随分
且开怀
Let bloom in order pear and peach and cherry!
The morrow lies in the gods, lap—why worry ?

Who knows but what and when our fortune is ?

And so be wise—

Be content—

Be merry![1]

1 林语堂：《译乐隐诗八首》，“《中央日报》”，1966 年 2 月 14 日。

第五章

现代中国民族主义的兴起

虽然现在早已步入21世纪，但一谈到“中国文化”，西方人甚至是我们仍然首先想到孔子、书法、长城、兵马俑、太极或功夫电影之类。这些东西当然是当今中国文化的一部分，也是传统遗产的一部分。但是，如果我们心中的“中国文化”仍然停留在“远古东方”的时空里，好像“文化”和“中国”是两个不相关的概念，那肯定对我们理解中国文化没有任何益处。理解中国文化就是要理解当今的中国文化。当今的中国人，就其生活方式、言行举止、思想观念而言，已经和一百五十年前，甚或一百年前大为不同。中国文化已经经历了一场波澜壮阔的现代转型，而这个过程仍是进行时。当今的中国文化是传统和现代性的混合体，而且就其效果来看，尽管传统有四五千年，而现代经历才短短的一百来年，但现代性对当今中国文化的烙印更为重要。虽然我们经常说文化要经过长时期的积累才能成型，但同样，文化在短时期内也可以发生剧烈的变化，现代中国的经验本身就可以作证。

当今的中国文化是一百八十年来中西文明冲突的结果。这场文明冲突起初由两个媒介促成：一个是鸦片贸易，另一个是充当“文化使者”的基督教传教士。这一特征对中国现代性的开启与展开至关重要，其中一个后果就是导致了一种新的意识——中国民族主义的兴起。它是当今中国文化的一个主要特征。

鸦片和传教士

现代性席卷全球已有几个世纪，中国人并不是现代性的发明者或建筑师。相反，中国人为了求生存，不得不使自己的文化向现代性转型，因为到了 19 世纪中叶，西方的帝国主义已经敲响了中国的大门。其实所谓“远东”，也就是起自西欧列强的全球帝国主义扩张的最后疆域。非常不幸的是，两个文明间的碰撞以鸦片贸易的形式展开。在西方，今天的人们虽早已认识到殖民经验的某些弊病，比如贩奴贸易给黑人所造成的创伤，但知道贩鸦片贸易的人很少，基本上没什么关注。可它却象征着中国现代性的开启，并为现代中国民族主义的兴起播下了种子，所以还是很有必要讲一下这个故事。

中西文明之间的第一次接触并不是在 19 世纪中叶。中国和西方早就有接触，比较有名的，比如，古代的丝绸之路。中国的丝绸曾是罗马帝国的奢侈品；宋代曾有犹太人到开封定居；马可 · 波罗的中国之旅更是欧洲全球扩张的催化剂之一；而到了明朝，大批耶稣会传教士来到中国。但是，这些都没有给中国文化和中国人的生活方式产生重大的影响。到了朝代期晚期，即明清时期，中国在商贸方面有很多的发展，同时在政治上变得更加专制独裁。明朝灭亡后，清朝统治者是满人，不是汉人，所以他们要证明自己比汉人更汉人，以更为苛刻严厉的方式来解释、捍卫儒家价值。按照儒家的价值观，商贸从来都不是，也不可能是朝廷的首要关注事宜；当时士农工商的社会等级秩序已经很明确。既然商贸在中国国内就受到限制，不受鼓励，对外贸实行严格管治也就不足为奇。

尽管如此，商贸在明清时期还是达到相当繁荣的境地，以致所谓商人排在“四民”（士农工商）之尾也只是名义而已。比如，一个富商家庭可以让长子去读书考科举做官，其他兄弟则可以去从商。明清时期中国商人的兴起其实跟所谓“银本位时代”由西班牙、葡萄牙人开启的第一波全球贸易有关。到了 19 世纪早期，大英帝国崛起，通过其东印度公司控制了欧亚贸易。从 18 世纪到 19 世纪早期，英国和中国的贸易几乎都是单向地从中国进口，导致大量银元流向中国，以换取诸如茶叶和瓷器之类的产品，以满足英国国内需求。这时，东印度公司想出了“奇招”来扭转贸易赤字，开始在印度殖民地地区种植一种毒品——鸦片，然后偷运进中国，卖给中国人。

这种鬼鬼祟祟的贸易就这么进行了好几十年，直至其危害开始震动清廷。不只是白银从中国大量流出，鸦片还带来巨大的社会问题，大量清兵也都成了瘾君子。1839年，道光皇帝派钦差大臣林则徐（1785—1850）到广东禁烟。林则徐把所有鸦片缴获，在虎门放了一把火烧了。林则徐不敢相信，这种毒品生意居然得到英国王室的首肯，于是给当时的维多利亚女王写了一封信，希望能从源头解决问题：

> 洪惟我大皇帝抚绥中外，一视同仁，利则与天下公之，害则为天下去之。盖以天地之心为心也。贵国王累世相传，皆称恭顺。观历次进贡表文云：凡本国人到中国贸易，均蒙大皇帝一体公平恩待等语。窃喜贵国王深明大义，感激天恩，是以天朝柔远绥怀，倍加优礼。贸易之利，垂二百年。该国所由以富庶称者，赖有此也。
>
> 唯是通商已久，众夷良莠不齐，遂有夹带鸦片，诱惑华民，以致毒流各省者。似此但知利己，不顾害人，乃天理所不容，人情所共愤。大皇帝闻而震怒。特遣

本大臣来至广东，与本总督部堂巡抚部院，会同查办。凡内地民人贩鸦片食鸦片者，皆应处死。若追究夷人历年贩卖之罪，则其贻害深而攫利重，本为法所当诛。惟念众夷尚知悔罪乞诚，将趸船二万二百八十三箱，由领事官义律，禀请缴收，全行毁化。叠经本大臣等据实具奏。幸蒙大皇帝格外施恩，以自首者，情尚可原，姑宽免罪。再犯者法难屡贷，立定新章。谅贵国王向化倾心，定能谕令众夷，兢兢奉法。但必晓以利害，乃知天朝法度，断不可以不懔遵也。

查该国距内地六七万里，而夷船争来贸易者，为获利之厚故耳。以中国之利利外夷，是夷人所获之厚利，皆从华民分去。岂有反以毒物害华民之理。即夷人未必有心为害，而贪利之极，不顾害人，试问天良安在？闻该国禁食鸦片甚严，是固明知鸦片之为害也。既不使为害于该国，则他国尚不可移害，况中国乎？

中国所行于外国者，无一非利人之物。利于食，利于用，并利于转卖，皆利也。中国曾有一物为害外国否？况如茶叶大黄，外国所不可一日无也。中国若靳其利而不恤其害，则夷人何以为生？又外国之呢羽哔叽，非得中国丝斤不能成织。若中国亦靳其利，夷人何利可图？其余食物，自糖料姜桂而外，用物自绸缎磁器而外，外国所必需者，曷可胜数。而外来之物，皆不过以供玩好，可有可无。既非中国要需，何难闭关绝市。乃天朝于茶丝诸货，悉任其贩运流通，绝不靳惜。无他，利与天下公之也。该国带去内地货物，不特自资食用，且得以分售各国，获利三倍。即不卖鸦片，而其三倍之利自在。何忍更以害人之物，恣无厌之求乎？设使别国有人贩鸦片至英国，诱人买食；当亦贵国王所深恶而痛绝之也。

向闻贵国王存心仁厚，自不肯以己所不欲者，施之于人。并闻来粤之船，皆经颁给条约，有不许携带禁物之语。是贵国王之政令本属严明。只因商船众多，前此或未加察。今行文照会，明知天朝禁令之严，定必使之不敢再犯。且闻贵国王所邻之兰顿，及嘶噶兰、嗳伦等处，本皆不产鸦片。惟所辖印度地方，如孟啊啦、曼哒啦萨、孟买、叭哒拏默拏、嘛尔洼数处，连山栽种，开池制造。累月经年，以厚其毒。臭秽上达，天怒神恫。贵国王诚能于此等处拔尽根株，尽锄其地，改种五谷。有敢再图种造鸦片者，重治其罪。此真兴利除害之大仁政，天所佑而神所福，延年寿，长子孙，必在此举矣。

至夷商来至内地，饮食居处，无非天朝之恩膏，积聚丰盈，无非天朝之乐利。其在该国之日犹少，而在粤东之日转多。弼教明刑，古今通义。譬如别国人到英国贸易，尚须遵英国法度，况天朝乎？今定华民之例，卖鸦片者死，食者亦死。试思夷人若无鸦片带来，则华民何由转卖，何由吸食？是奸夷实陷华民于死，岂能独予以生？彼害人一命者，尚须以命抵之，况之害人，岂止一命已乎？故新例于带鸦片来内地之夷人，定以斩绞之罪。所谓为天下去害者此也。

复查本年二月间，据该国领事义律，以鸦片禁令森严，禀求宽限。凡印度港脚属地，请限五月，英国本地，请限十月。然后即以新例遵行等语。今本大臣等奏蒙大皇帝，格外天恩，倍加体恤。凡在一年六个月之内，误带鸦片，但能自首全缴者，免其治罪。若过此限期，仍有带来，则是明知故犯，即行正法，断不宽宥。可谓仁之至义之尽矣。我天朝君临万国，尽有不测神威，然不忍不教而诛。故特明宣定例。该国夷商欲图长久贸易，必当懔遵宪典，将鸦片永断来源，切勿以身试法。王其诘奸除慝，以保乂尔有邦，益昭恭顺之忱，共享太平之福，幸甚，幸甚！接到此文之后，即将杜绝鸦片缘由，速行移覆，切勿诿延。

现在有人说这封信很可能根本没送到维多利亚女王手中，历史学家则忙于考究此事真相。其实，送没送到女王手中真有那么重要吗？即使送到了，有人能把这封信真正地翻译成英文吗？即使今天，在精于现代中国历史的汉学家史景迁眼里，林则徐“好像觉得，广东市民和那里的外商都像孩子一样单纯，你只要把道德原则讲清楚，他们就会乖乖地按指令办事"。[1]但是，与今天这种冷血的诡辩不同，当时在英国确实有许多"像孩子一样单纯"的人赞同林则徐的观点，反对英国为了鸦片生意和中国宣战，觉得这样做将是英国的耻辱。威廉·格莱斯顿（1809—1898）就是这样一位"像孩子一样单纯"的政治家，他一生中曾四次做过英国首相。他当时就极力反对向中国宣战，认为那是一场"从源头就非正义的战争，而其精心策划的过程必将为英国带来永恒的羞耻"，因此，他"深怕上帝会对英国就其针对中国所犯的不义之罪作出审判"。

林则徐和格莱斯顿都太天真，以为大英帝国的利益会考虑"天理"或"上帝的审判"。当时代表大英帝国利益的是外交大臣帕默斯顿（1784—1865，旧译为巴麦尊）和鸦片商威廉·渣甸（1784—1843）。需要指出的是，鸦片战争是按照民主机制启动的，在当时英国议会通过激烈辩论，最后帕默斯顿和渣甸们赢了票数。

林则徐也太天真，以为"天朝柔远绥怀"就能控制中国的命运。为了保护和倡导"国际贸易"，英国派了四千皇家海军出征中国沿海，而中国海防在现代炮舰面前完全不堪一击。皇家海军不仅入侵广东，而且沿海直上天津，直接威胁京城。当皇家海军包围南京时，清政府不得不投降，

1 Jonathan Spence, *The Search for Modern China*, New York: W. W. Norton & Company, 1990, pp. 152–153.

被迫签订《南京条约》。按条约规定，香港岛割让为英国殖民地，赔偿两千一百万两白银，开放五个通商口岸——广州、厦门、福州、宁波和上海，允许英国商人和传教士在此经商传教。这就开启了“割地赔款”的“百年耻辱”，之后清政府不得不和列强签订了一系列不平等条约。

随英国之后，美国、法国、俄国都先后和中国签订条约，还加上各种补充条款，其中最主要的一条叫“治外法权”，就是说，外国人在中国碰到任何法律纠纷时不受中国法律制约，而是要通过他们本国的法庭处理。英国人也不用担心他国和中国后签的条约会让他国占先，因为有“最惠国待遇”保障，也就是说，中国和他国签订的优惠权英国有权分享。《南京条约》对英国鸦片商作出了赔偿，但并没有实际解决鸦片生意的问题。这要到第二次鸦片战争（1856—1860）才得以解决。

第二次鸦片战争是中国对英法联军，他们的背后还有美国和俄国的支持。战争的后果就是《北京条约》：割让九龙给英国，赔偿八百万战款，鸦片贸易合法化，并开放更多的通商口岸，允许传教士在中国任何地方传教置业。第二次鸦片战争中有两件事印入了现代中国人的民族意识。第一次鸦片战争让清军尝到了炮舰的滋味，但并没有激起清政府的危机感。十多年之后，英法联军向京城进逼时，清廷派出蒙古骑兵阻击。蒙古骑兵骁勇无比，一次一次向英法联军的炮火进行自杀式的猛攻。这一幕生动地刻画出了农业文明和工业文明之间的凄惨碰撞。联军攻克京城后开始烧杀抢掠，把圆明园里的贵重物品洗劫一空，并一把火把圆明园烧了。现在北京郊外的圆明园遗址成了爱国主义教育的象征。

鸦片成为中西交会的媒介，这非常不幸。同样不幸的是，基督教传教士担当了首批跨文化使者的角色。鸦片战争的后果之一便是大量西方传教士涌入中国，因为这是受条约保护的。当然，这不是第一次有西方传教士进入中国。利玛窦（1552—1610）早于1582年便到达澳门，并从那里一路来到北京，觐见明朝万历帝。耶稣会在中国的传教采取的是所谓的“适应策略”。利玛窦穿儒服，把自己打扮成儒士模样，和儒士结交，给他们宣讲基督教信仰和中国人的信仰并不冲突，是其自然延伸和完善，并成功地说服了许多儒士转信基督教。明朝被推翻以后，耶稣会传教士留了下来，亦曾受到康熙皇帝的款待。到了雍正皇帝才把门关了，因为他怕一旦这些基督教的信念传到老百姓中间会引起社会动荡和不安。一二百年之后，新一波的传教士和鸦片贸易同时进入中国，这次和上一次完全不同，大多是新教徒，他们对中国文化甚少关注，也没有兴趣和士大夫统治阶层的儒士交往，而是专攻中国社会的边缘阶层，到最穷、最边远的山区农村发展信徒。传教士大多是反对鸦片生意的。他们建教堂、学校和医院，依靠实惠来吸引中国信徒，所以好多中国基督徒被称为“吃教者”。

在中国的传教事业引发了两场大规模暴乱，使中国生灵涂炭，促进了现代中国民族主义以及共产主义的兴起。事实上，清政府和英法联军打第二次鸦片战争的同时，中国正处于更大的一场内战之中：从 1850 年至 1864 年的太平天国运动席卷大半个（南部）中国，差一点推翻清朝。太平军起源地广西，有好多少数民族聚居的山区，深受鸦片贸易之害，也是传教士经常光顾的地区。太平军领袖是洪秀全（1814—1864），客家人，科举考试多次落榜。再次落榜后，洪秀全抑郁颓唐，生了场大病，躺在床上噩梦连连，出现幻觉。事后他不断回忆生病时做的怪梦到底是什么意思，突然想起一位新教传教士曾给他一份传单。洪秀全后来声称，那个梦是要告诉他：他是上帝派来的，是基督耶稣的弟弟，要他领导一场起义来驱除“魔鬼”——满清政府和儒教！于是，他又到广州跟随一位美国的浸信会传教士学《圣经》，之后便宣讲自己消化过的基督教，马上吸引了众多追随者，主要是客家人和南方少数民族。起义一开始非常成功，一下就覆盖了南部半个江山，三年之内占领南京，并以基督教的名义宣告成立“太平天国”，定都南京。

中国历史上有很多民众起义，事实上起义也几乎是改朝换代的唯一方式，但这次还披了外国宗教的外衣，而且是和炮舰一起进入的宗教。现在，我们通常会说洪秀全的基督教是他自己创造的，不是“真正正统的”。这种论调忽视了这样的事实：基督教本身就门派林立，一个宗教被吸收进入另一个文化时，什么才算是“真正正统的”呢？太平天国运动最终被地方儒士乡绅组建的军队镇压下去了，但那是儒士最后一次保卫战，因为历史证明他们无法应付更大的挑战：把中国文化稳妥适当地转入现代性。

太平天国被镇压后，中国经历了由曾国藩（1811—1872）、李鸿章（1823—1901）和张之洞（1837—1909）等领导的“自强运动”，即“洋务运动”或称“同治中兴”。然而，三十年的改革并没有使中国中兴，19 世纪末又陷入一场更具灾难性的战争——中日甲午战争（1894—1895），不光“割地赔款”，而且摧毁了中国知识阶层的自信心。接着便有 1898 年的“百日维新”，光绪皇帝亲自推动，要把中国推向君主立宪制，结果慈禧太后收回权力，实际上软禁了光绪皇帝。与此同时，慈禧还要应付另一场民众起义，即义和团运动（1898—1900），这次运动是要“扶清灭洋”，主要是针对西方传教士来的。

义和拳源自山东民间习武团体，他们平时聚集练习武功，声称练好功夫可以刀枪不入。义和团对传教士的敌视由来已久，种子就在鸦片战争后签的条约里。鸦片一直到 20 世纪都是中国社会与经济的棘手问题，而在条约中规定外国人享有治外法权，传教士可以在治外法权保护下到任何地方传教，这为民间的摩擦定下了框架。辜鸿铭曾经在一篇英文文章《从最近的骚乱看现今的传教士》中指出，基督教的传教事业本意是要帮助“人们提高道德境界”，可是现在这“已经是一个公开的秘密：[被成功说服入教的华人教徒]是中国人中最糟糕的、孱弱的、无知的和本性邪恶的”，就像太平基督徒一样，而太平天国运动“应该被以后的史学家称之为基督教在华传教事业催化出来的华人无赖的造反”。[1]

敌意和对抗首先在民间蔓延。在北京的路德宗传教士中，曾有人白天在外抢掠，晚上躲回德国使馆区。民间还有各种谣言，说教堂里面那些“鬼佬”挖中国人的眼球。有些拳民开始打着“扶清灭洋”的名义滥杀传教士。但慈禧太后居然信了，向英、法、俄、美、德、意、奥、日八国同时宣战。在朝廷怂恿下，拳民涌入北京，包围了使馆区。八国联军只是出兵两万，就把一群乌合之众的骚乱给镇压了——因为他们的子弹确实能够穿透有武功的拳民的身体。结果八国联军入京又是一阵烧杀抢掠。慈禧太后不得不慌忙逃出京城，然后又不得不派代表议和，代价却是：赔偿四亿五千万两白银，超过清政府整年的税收，分三十九年偿还。这意味着，清政府完全破产了。另外，外国军队也允许驻扎北京。

1　Gu Hongming (Ku Hung-Ming), *Papers from a Viceroy's Yamen*, The Shanghai Mercury, Ltd., 1901, pp. 37-38.

用孙中山的话说，中国是以“次殖民地”的身份进入20世纪，受到众多“主子”的威胁。或者，按照一张著名的法国漫画所描述的，中国正在被列强瓜分。

起来！不愿做奴隶的人们！

中国民族主义的显著特征便是，当中国人逐步意识到自己是一个崭新的世界“万国”的一部分，而且正被这个世界上的强国殖民化的时候，现代中国的民族主义亦随之兴起。现代中国人意识的产生是一个自我发现的历史过程，首先面对的是19世纪西方的列强，甲午战争之后则尤其是日本军国主义的蚕食。

与西方列强交手吃了一系列败仗之后，中国的士大夫阶层才慢慢意识到他们处于什么样的世界中。“自强运动”最关注的是炮舰的威力，以及中国如何获得之。冯桂芬（1809—1874）被认为是“自强运动”的重要理论家，他在《制洋器议》一文中写道：

> 据英人《地理全志》稽之，我中华幅员八倍于俄，十倍于米，百倍于法，二百倍于英……而今顾靦然屈于四国之下者，则非天时、地利、物产之不如也，人实不如耳……魏氏源论驭夷……独“师夷长技以制夷”一语为得之……且用其器，非用其礼也，用之乃所以

> 攘之也……夫而后可以复本有之强，夫而后可以雪从前之耻，夫而后完然为广运万里地球中第一大国……[1]

在此我们看到一种新的中国意识，由新的有关中国在世界中的地理位置而产生。它认识到了“洋器”的威力，愿意“师夷长技”，然而这仅是为了“制夷”，并不是要丢了自己的“本”。从一开始，这种新意识就伴随一种羞耻感，立志要使中国成为“广运万里地球中第一大国”。不过，从另一方面看，这种雄心也反衬了士大夫其实已经接受中国不再是“天下”，而是万国中的一国，而且是最弱的一国，尽管体积庞大。

自洋务运动起，中国便踏上了谋求“富强”之国的旅程。富强是不折不扣的民族主义目标，但只靠“制洋器”无法实现。甲午中日战争又惨败，这种耻辱感急剧加深。而日本则由此跃升为列强之一。中国通过“自强运动”努力使自己现代化，营建了当时东亚最大的海军。而日本自 1868 年明治维新之后也迅速走向现代化的路程。甲午一战，洋务运动的杰作——北洋舰队被日本海军摧毁。中国又不得不签订“和平”条约，割地赔款：割让台湾为殖民地，再加上巨额赔款。在中国人眼里，日本传统上是一个朝贡国，也就是一个“小兄弟”，虽然不时会有麻烦。而这次惨败，

1　冯桂芬：《校邠庐抗议》，中州古籍出版社，1998 年，第 197—200 页。

则让中国士人的自信几乎丧失殆尽。革命的幽灵开始升起。

战后中国弥漫着强烈的危机意识。用张之洞的话说，就是“今日之世变，岂特春秋所未有，抑秦汉以至元明所未有也”。于是出现了各种求变的声音，张之洞的《劝学篇》便是其中之一，被认为偏向保守，因为他提倡在转型中要保持“中学为体”。即使这样，我们从中也可以看到，张之洞的“中学为体”实际上是建基于一种民族主义的自我意识：“如中士而不通中学，此犹不知其姓之人，无辔之骑，无舵之舟，其西学愈深，其疾视中国亦愈甚，虽有博物多能之士，国家亦安得而用之哉？”[1]（有意思的是，张之洞这里用的是“中士”，还不是“中国人”）张之洞没有向英女王控诉鸦片贸易的非人性，而是诉诸儒教内圣的自我修养，号召青年把耻辱感内化——要知耻：

> 孔子曰：“知耻近乎勇。”孟子曰：“不耻不若人，何若人有。”夫以地球万国鄙恶不食之鸩毒，独我中华乃举世寝馈湛溺于其中，以自求贫弱死亡，古今怪变，无过于此。使孔孟复生，以明耻教天下，其必自戒烟始矣。[2]

1 张之洞：《劝学篇》，中州古籍出版社，1998年，第91页。

2 张之洞：《劝学篇》，第106页。

经过百日维新的失败、义和拳骚乱崩溃之后，慈禧太后不得不推行新政，开始实施许多改良措施，比如于 1905 年废弃了科举制。但一切都已经太晚了，革命的浪潮已经汹涌扑来，清朝的末日已进入倒计时。最终，1911 年的辛亥革命推翻了中国最后一个天朝，建立了亚洲第一个“共和国”——中华民国于 1912 年 1 月 1 日宣告成立，孙中山（1866—1925）任临时大总统。其实，孙中山当时正流亡海外。甲午战争惨败之后，孙中山领导的“国民革命”，即民族主义革命，逐渐成为主流势力。他创建国民党，提倡“三民主义”，即民族、民权、民生。20 世纪的中国在意识形态上一直被卷入民族主义和共产主义之争，在政治上就是国共党争，其结果却是国民党失去大陆退避台湾，而民族主义如今则成了中国大陆认可的官方意识形态。所以不奇怪的是，国共两党都把孙中山认作“现代中国之父”。

孙中山的“三民主义”是召唤民族主义革命（或称“国民革命”）的根基，它不仅推翻了清王朝，而且引导中国最终取得了抗战的胜利。孙中山提倡的许多思想已经浸入现代中国人的意识。和张之洞一样，孙中山也极力渲染中国面临的深重危机及其紧迫性。但孙中山走得更远，并为此危机取了一个新名称：

> ……全国人民至今还只知道是列强的半殖民地。这半殖民地的名词，是自己安慰自己，其实中国所受

过了列强经济力的压迫，不只是半殖民地，比较全殖民地还要厉害……凡是和中国有条约的国家，都是中国的主人。所以中国不只做一国的殖民地，是做各国的殖民地；我们不只做一国的奴隶，是做各国的奴隶……故叫中国做半殖民地，是很不对的。依我定一个名词，应该叫做“次殖民地”。[1]

孙中山还对中国为什么遭遇这种危机提出了强有力的解释，从而得出结论：中国只能依靠一种新的民族主义意识来拯救自己：

所以就大多数说，四万万中国人可以说完全是汉人。同一血统、同一言语文字、同一宗教、同一习惯，完全是一个民族。我们这种民族，处现在世界上是什么地位呢？用世界上各民族的人数比较起来，我们人数最多，民族最大，文明教化有四千多年，也应该和欧美各国并驾齐驱。但是中国的人只有家族和宗族的团体，没有民族的精神，所以虽有四万万人结合成一个中国，实在是一片散沙，弄到今日，是世界上最贫弱的国家，处国际中最低下的地位。人为刀俎，我为鱼肉，我们的地位在此时最为危险。如果再不留心提

1 孙中山：《三民主义》，《孙中山卷》，中国人民大学出版社，2015年，第270页。

> 倡民族主义，结合四万万人成一个坚固的民族，中国便有亡国灭种之忧。我们要挽救这种危亡，便要提倡民族主义，用民族精神来救国。[1]

中国人就像“一片散沙”，这一比喻大大强化了中国民族主义的兴起，因为它触及了中国文化的脉搏。我们前面讨论过，中国文化有赖于家 / 国政体，中国人的属性乃基于家庭和宗族系谱。中国之所以在 19 世纪和西方列强的一系列战争中惨败，其中一个原因也是因为不是“中国人”与西方列强打仗，而是清皇家和清兵在与西方列强打。比如两次鸦片战争中，就有一些中国人在帮英、法。不光有中国鸦片商做鸦片生意，在洋人的炮舰上还有中国劳工负责装卸炮弹。对于当时中国人的这种“麻木性”，鲁迅（1881—1936）的描绘最有名。鲁迅曾到日本留学，主修医学。他有一段自传式的描述，讲他在日本上医学课间发生的插曲：

> ……有时讲义的一段落已完，而时间还没有到，教师便映些风景或时事的画片给学生看，以用去这多余的光阴。其时正当日俄战争的时候，关于战事的画片自然也就比较的多了，我在这一个讲堂中，便须常

1　孙中山：《三民主义》,《孙中山卷》，第 261 页。

> 常随喜我那同学们的拍手和喝彩。有一回，我竟在画片上忽然会见我久违的许多中国人了，一个绑在中间，许多站在左右，一样是强壮的体格，而显出麻木的神情。据解说，则绑着的是替俄国做了军事上的侦探，正要被日军砍下头颅来示众，而围着的便是来赏鉴这示众的盛举的人们。[1]

鲁迅的重点是在最后一句话：一群中国人“来赏鉴这示众的盛举”，好像完全事不关己。其背景是，两个外国列强在中国的土地（东北）上交战，有一位据称为其中一国做间谍的中国同胞要被砍头示众。鲁迅得出的结论是，通过学医去做一个现代医生来健全中国人的身体，完全是徒劳的，需要拯救的是中国人的灵魂。所以他决定弃医学文，做一位作家，来唤醒中国人的思想意识。

鲁迅最终成为“文学革命”的主将。“文学革命”是新文化运动的主要组成部分，没有新文化运动就没有我们今天的中国文化。虽然新文化运动全面拥抱西方文化思想，其本质是一场普世主义运动，但同时也蕴含民族主义的冲动。鲁迅的这个自传式故事成为典型的民族主义隐喻，而他在新文化运动中的角色是激进的反传统批评家，痛斥揭露传统儒家理念。这一点并不被民族主义者欣赏。按照孙

1　鲁迅:《呐喊》自序,《鲁迅全集》(第一卷),人民文学出版社,1991 年,第 416 页。

中山的“三民主义”理念，传统中国文化仍然要扮演重要的角色：

> 所以穷本极源，我们现在要恢复民族的地位，除了大家联合起来做成一个国族团体以外，就要把固有的旧道德先恢复起来。有了固有的道德，然后固有的民族地位才可以图恢复。
>
> 讲到中国固有的道德，中国人至今不能忘记的，首是忠孝，次是仁爱，其次是信义，其次是和平。这些旧道德，中国人至今还是常讲的。但是，现在受外来民族的压迫，侵入了新文化，那些新文化的势力此刻横行中国。一般醉心新文化的人，便排斥旧道德，以为有了新文化，便可以不要旧道德。不知道我们固有的东西，如果是好的，当然是要保存，不好的才可以放弃。此刻中国正是新旧潮流相冲突的时候，一般国民都无所适从。[1]

孙中山的“三民主义”思想对现代中国人的形成产生了巨大的影响，但在政治上，孙中山是一个失败者。中华民国的成立并没有迅速把中国推向“富强”之路。孙中山虽然一开始被拥为临时大总统，但随后权力斗争博弈的结

1 孙中山：《三民主义》，《孙中山卷》，第300—301页。

果却是军事强人袁世凯（1859—1916）成为共和国总统。接着，孙中山号召“二次革命”反袁，但袁世凯掌握了晚清新建的中国第一支现代化军队，很快扑灭了国民党的势力。然而，袁世凯的统治也是短命的。他试图采取一些现代化的改良措施，但本能上不愿和议会分享权力。到了1916年，袁世凯决定搞复辟，恢复王朝，自己做皇帝。这是一个严重的错误判断，公众舆论一片倒戈声，没人愿意恢复王朝体制。结果，袁世凯得到的下场是众叛亲离，不久便因抑郁生病孤独离世。这之后，原来袁世凯手下的那些督军便开始在北洋政府你争我夺，中国进入所谓“军阀时期”。

袁世凯政府失去公众信誉的一个主要原因是他和日本人签订了一个秘密协议（后来被媒体曝光），答应日本人要求的“二十一条”。这些条款基本上意味着日本必须享受清政府同所有西方列强签订的条约优惠。到了20世纪第一个十年，西方列强瓜分中国的威胁有所减弱，他们正在第一次世界大战中互相打得焦头烂额。可就在此时新的恶狼出现在门口，日本独吞中国之野心日益明显。“二十一条”曝光后，全国上下掀起一股反日示威高潮，抵制日货。从那时起，中国的民族主义逐渐变为民众反对日本侵略的抵抗运动。

一战时中国加入协约国，送了成千上万的劳工奔赴前线挖战壕，其条件是胜利后德国在中国的势力范围将会归还给中国。协约国胜出后，中国代表来到凡尔赛，要求协约国遵守承诺，并同时取消日本的“二十一条”、取消同西方列强签订的条约中的某些不平等条款（比如治外法权）。英法非但没有理会中国的要求，而且还把原来是德国势力范围的山东转给日本。这个消息引起国人极大愤慨。1919年5月4日，北京的大学生来到天安门广场抗议示威，声讨帝国主义，痛斥政府无能。示威后，他们又把一位政府官员的住宅给烧了。这就是著名的五四运动，随后爱国抗议风暴席卷全国，各界人士，包括学生、工人和商人，都有参加。在公众舆论压力下，中国政府代表拒绝在《凡尔赛和约》上签字，但无法阻止日本把山东掌控为自己的势力范围。

五四运动又是一个分水岭。它象征着一种新的民族主义的兴起，并将最终改变中国的命运。五四运动是更为广泛的新文化运动的一部分，站在前列的是新一代受过西式教育的青年。1905年科举制废弃之后，年轻人都努力出国留学（去欧美或去日本），到此时，这批人开始走向前台。他们从国外引进各种新思潮，最后在五四时期归结为两个口号：“德先生”和“赛先生”。同时，伴随他们在海外的切身体验，他们也带回了强烈的民族主义意识。其中一个新思潮名为“共产主义”，这是俄国十月革命后引入中国的，没过几年，也就是1921年，中国共产党宣告成立。新的社会政治环境给予孙中山新的动力，他按苏联模式重组国民党，并和新成立的中共结成同盟。虽然孙中山因病于1925年去世，但另一场和中共联手的民族主义革命已经势不可挡。1927年，国共联合的北伐军开始北伐，这是一支由苏联顾问参与且相当年轻的学生军，一路所向披靡，打得各路军阀节节败退。可是北伐还没有完全胜利，国共就闹起了内讧，国民党开始血腥清洗共产党员。北伐结束后，中国又有了一个由蒋介石（1887—1975）领导的统一的中央政府。

国民政府定都南京后，开启国民党全面执政的时期，直到1937年抗战全面爆发，国民政府不得不迁到陪都重庆。所谓“南京十年”，尽管内忧外患不断，中国还是踏上了现代化的建国旅程。内部来讲，蒋介石虽压住了军阀的叛乱，在国民党各派系之间达成脆弱的平衡，但他并没有能够消灭共产党人；遭清洗后，共产党拉起自己的武装在江西建立了自己的苏维埃政权。外部来讲，虽然民族主义革命在反帝方面取得了重大进步（比如部分取消或正在协议取消“治外法权”），南京政府却面临日益咄咄逼人的日本。南京政府正要开始现代化建设，日本便开始行动，阻止中国现代化建国的工程。1931年9月18日，日本突然入侵中国东三省，扶持并建立了以末代皇帝溥仪为首的伪满洲国。中国公众舆论哗然，燃起了民族主义的怒火。国民党军队撤出东三省后，各种抗日武装展开抵抗运动，一直到战争结束。如果我们抛弃欧洲中心的视角，这实际是第二次世界大战的开始，而不是希特勒入侵波兰的1939年。

南京政府对日本的入侵采取了绥靖政策，希望透过外交由国联“公平”处理。但中国人知道，只要中国一天没有成为日本的附庸国，以为其帝国主义野心提供人力物力资源，日本就不会停止对中国的蚕食侵略。中国人也有自己的想法，不想成为任何人的附庸，希望自己在世界上有立足之地。这次已经不再是只有一批精英有这种想法，而是大众一心——民族主义的启蒙效果已经产生。但是，尽管大众的爱国热情高涨，国民政府很清楚，在军事上，当时的中国还无法和日本一战，需要时间把一个农业化的中国转变为一个工业化的中国。于是，中国的工业化与现代化努力便和日军从东北到华东的步步紧逼展开时间上的赛跑。

日军每侵占中国土地一寸，中国人的爱国热情便高升一尺，而国民政府强行打压各种民间示威抗议，更是火上加油。蒋介石不和日本全面开战的一个理由，是他认为，为了抵抗外敌，首先要有内部统一一致，这便是他所谓的“攘外必先安内”，先摆平共产党军队。而同时，日本人“进入中国”的借口之一也是要来帮助国民政府剿共。中国的公众舆论则并没有被政府说服。国民党军队先后四次围剿中共武装，都失败了。第五次围剿，国民党军队采用德国军事顾问的策略而获得成功。到 1934 年 10 月，共产党军队被迫撤离江西苏维埃根据地，踏上长征旅途，一路上从开始的十万武装缩减到约八千人。但他们生存了下来，并退到陕北根据地。长征路上，中共呼吁中国人不打中国人，号召建立抗日统一战线。但蒋介石决意要先彻底解决共产党问题，为此他飞到西安，敦促张学良将军（1901—2001）对共军发起最后的攻击。张学良的东北军自从东北撤到西安，“对日军没放一枪”，已被公众舆论骂死。这次，他把蒋介石抓了起来，要求把枪口对准日军抗战。这就是著名的“西安事变”。然而，军事政变不得人心，立刻在舆论界引起反弹。中国媒体一致谴责张学良的行为，要求立刻释放蒋介石。最后，国共谈判顺利进行，蒋介石被放了出来，之后他也不得不改变策略，认可与中共联合抗日。

西安事变之后，中日双方都在备战。从军事上讲，中国还是没法打仗，其工业无法支撑战争，既没有海军，也没有空军，虽然有德国顾问在训练中国陆军。但日本人不愿意等了。1937 年 7 月 7 日，中日军队在北京郊外的卢沟桥发生摩擦。日本侵占东三省后，一直没有停止进一步向华北地区推进，中国军队往往为了维护“和平”不得不退让。但这次中国已经无路可让，民族主义怒火已经沸腾。如果再进一步压制爱国热情，这股火必将反过来针对政府。卢沟桥事件之后，蒋介石也无法再继续绥靖以争取时间。全面抗战就这样开始了。中国所能依赖的只有高涨的士气，一场真正的全民战争，各行各业的中国人都倾尽投入的卫国战。国共又在同一战线作战，中国人也准备好了要战、要牺牲。要打一场仗，却没有足够的武器弹药，那就意味着要用自己的胸膛去挡敌人的炮弹。正是在这场炼狱式的战争中，一个新的民族得以真正诞生。这场战争正是对中国民族主义的一场考验。

在抗战的第一阶段，日军虽然受到顽强抵抗，著名的有上海保卫战、台儿庄大战、武汉保卫战，但日军迅速占领了东部沿海地区和主要大城市。同时，中国政府迁都重庆，准备打持久战，以空间换时间，这是中国国民党政府抗战的大战略。那是一场好几百万人的历史性大迁移，包括大型工业基础设备一起被搬运至西南大后方。大学也搬走了，在后方建立了战时校区。当战争进入僵持阶段，那就是一场消耗战。中国要想打赢持久战，唯一的可能便是动员整个民族打一场全面战争，一场人民战争。这也意味着人民要付出巨大的牺牲。比如，“重庆大轰炸”至今都是“二战”被遗忘的事件。从 1938 年至 1943 年，中国没有空军，日本空军对陪都实施了成百上千次恐怖轰炸，在重庆的土地上不知丢了多少枚炸弹，大部分都是针对居民区，造成平民死伤无数。说它是“恐怖轰炸”，是因为轰炸目标完全不分政府和民众，其目的就是要炸垮中国人的抵抗意志。中国人则以大无畏的坦然面对一切，战时首都也保持了下来。

第一次世界大战，中国站在战胜国一边，结果胜利带来了日本的侵略。第二次世界大战，中国成功地把日本侵略军赶走。然而，中国人在战争中所付出的牺牲和作出的贡献也没有得到多少欣赏。自从鸦片战争以来，抗战是中国第一次也是唯一一次打赢了，而且是以民族的力量打赢的。即便如此，在西方的眼中，中国也没有成为“广运万里地球中第一大国”。这也是中国民族主义在今天仍有很大市场的原因之一。

战后欧洲的和平进程进展顺利，德意志民族深刻反省，和欧洲邻国达成和解，比如像纳粹对犹太人的大屠杀已经成为不可置疑、不可辩驳的历史反面教训，时时提醒人们和平、人道的意义所在。在东亚则远非如此。种子在战时就埋下了。同盟军从来就不真正信任中国国民党军队，最终以两颗原子弹结束战事。另一方面，战争后期国军和中共领导的八路军实际上已经处于内战状态。后来在内战中中共胜出，于1949年建立了中华人民共和国，而日本则在新的世界格局中成了西方的同盟。而日本人根本不承认“侵略”过中国，日本学校里的学生从教科书上得知日军曾“进入”中国，而重庆大轰炸或南京大屠杀则是没有的事。

我从小就知道八路军如何英勇抗日，但也纳闷为什么叫“八路军”呢，其他路军在干吗。到美国求学时，我以为终于可以看到对这段历史的完整描述，但发现美国媒体更热衷于谴责两颗原子弹的非人性，以及战时对日裔美国人的囚禁。后来我看到汉学家史景迁的巨著《追寻现代中国》——美国大学生常用的有关现代中国的教科书，洋洋洒洒八百多页，其中只有一小段讲到“南京大屠杀”（虽然英文书中也没有用“rape of Nanjing”一词）。史景迁承认在南京发生的惨况“肯定是现代战争史上最糟糕的事件之一”，接着他写道：

> 发生这种惨况没有一目了然的解释，或许我们永远也不会找到解释。日本士兵原以为会轻易取胜，结果却打了几个月的硬仗，比原先预估的损伤惨重得多。他们厌倦了、生气了、沮丧了、疲惫了。中国妇女没人保护，男人不在场或者无能为力。这场战争还没正式宣战，也没有明确的目标或目的。也许所有中国人，无论性别或年龄，似乎都被设定为受害者。[1]

我也发现，战时在美国用英文写作的中国作家林语堂也有一段对“南京大屠杀”的描绘。林语堂指出，中国人的抗战意志正是因为日本士兵的野蛮、非人性行为而愈加坚固。日军杀入首都南京时：

> 一群日本兵嘻嘻哈哈，把一个婴儿抛向空中，大家争着看谁能用刺刀尖顶刚好托住从空中落下的婴儿——这种场景，自上帝创造人类以来，还从未见过。也没见过把俘虏眼睛蒙起来，让他们站在壕沟边立成

1　Jonathan Spence, *The Search for Modern China*, p. 448.

一排，当作日军练刺刀的标靶，以训练他们进行大规模屠杀的技能。两个日本兵由苏州到南京一路追杀中国溃兵，互相打赌看谁先杀满一百个中国人，他们的战友则在旁边起哄、鼓励、给他们做记录。武士道精神可以让封建的日本人自圆其说，可是其他民族无法理解。这种事情正常的人是做不出来的。中世纪封建时代的欧洲人做不出来。原始部落时代的非洲人做不出来。就算我们人类还只是猩猩的远亲，还在森林里荡来荡去时，也做不出来。就是猩猩也做不出来。猩猩只为找雌伴而争斗。即使在文明最原始的阶段，人类学家也没找到人类为自娱而杀人的记录。

是的，这种恐怖创下了人类的纪录，一个民族的人可以对另一民族的人做出这种事情。猩猩也不会把它们的囚徒聚在一起，旁边堆满干草，浇上汽油，看着它们被活活燃烧而呵呵大笑。猩猩在光天化日下性交，但它们不喜欢看其他猩猩性交，还站在旁边嘻嘻哈哈，等着下一个轮到自己上；它们干完后也不会用刺刀对着雌猩猩的性器官直插进去。它们取乐的手法还不够精致，不会一边强奸雌猩猩，一边强迫雌猩猩的男伴在旁边看。[1]

---

1 Lin Yutang, *A Leaf in the Storm*, New York: The John Day Company, 1941, p. 215. 译文转引自钱锁桥《林语堂传：中国文化重生之道》，广西师范大学出版社，2019 年，第 248—249 页。

中国抗战最有象征性的遗产之一便是当时的《义勇军进行曲》，现在是中华人民共和国的国歌。《义勇军进行曲》于 1932 年诞生，因应日军侵占东三省而作，由聂耳（1912—1935）作曲，田汉（1898—1968）作词。当时中国的基督教青年会极力推广大合唱，使之成为中国战场波澜壮阔的一景。当时后方志愿者和前方将士（不只限于八路军）都用大合唱鼓励士气。

《义勇军进行曲》是当时最受欢迎的一首大合唱歌曲：

起来！不愿做奴隶的人们！
Arise! ye who refuse to be bond slaves!
把我们的血肉，
With our very flesh and blood
筑成我们新的长城！
Let us build our new Great Wall
中华民族到了最危险的时候，
China's masses have met the day of danger,
每个人被迫着发出最后的吼声。
Indignation fills the heart of all of our countrymen.
起来！起来！起来！
Arise! Arise! Arise!
我们万众一心，
Many hearts with one mind,

冒着敌人的炮火，

Brave the enemy's gunfire.

前进！

March on!

冒着敌人的炮火，前进！

Brave the enemy's gunfire,

前进！前进！进！

March on! March on! On![1]

必须坦白，我每次听到这首歌，都会浑身热血沸腾，激动亢奋，好像要冲上战场。一方面，是否应该用一首战时歌曲来代表21世纪的中国人，或许值得商榷。是否用一首能体现儒家/道家美学趣味的歌更合适呢？但另一方面，如果纳粹对犹太人的大屠杀被认为从来没发生过，如果欧洲现代史的权威专家告诉大家，纳粹士兵杀犹太人也许是因为“他们厌倦了、生气了、沮丧了、疲惫了”，那欧洲的和平如何可能，欧盟的事业又如何可能？

1 Lin Yutang, "Singing Patriots of China," *Asia*, XLI (February, 1941), p. 70.

第六章

拥抱世界：普世主义蓝图

我们可以说当今的中国文化蕴含强烈的民族主义意识，但这并不意味它就是自我封闭型的，整天着迷于自己的传统和“本位”。相反，中国现代性是一个普世开放拥抱“他者”的过程——民族主义概念本身就是一个舶来品。这也不是说，在西方的炮舰打开中国大门之前，中国人就没有自我意识，只是说，以前的中国人意识是一种文化、文明上的概念。中国的思想，无论儒、道、佛，其本质都是普世主义的。中国人的世界观的核心是“天下”观。中国文化确实有“夷夏”之分，但这种区分乃基于普遍性的道德准绳，而不是按种族或族裔来分。换句话说，“夷”和“夏”是可以互换的，是“夷”还是“夏”要看一个人是否仅仅是个畜生，还是遵循一系列界定人之为人的、以仁爱为核心的道德标准。孔子明确表示过，如果中国人失去了“礼”“乐”，他宁可移居九夷之地。

当近代中国人意识到他们以前认为的“天下”实际上只是地球的一部分，而“他者”非但不是什么“夷”，而且在许多方面比自己还要“强”，这时从文化上讲，中国人很难以我们都是中国人的名义来保卫固守我们的“中国文化”——因为这不是中国文化之道。相反，主流的文化态度是同化、适应与融合，尽管在西方帝国主义进逼下中国的民族主义油然兴起。在现代中国，普世主义占主导地位，虽然在如何拥抱“他者”（西方）以及如何反省“自我”（传统中国文化）上，有各种不同的方案和愿景互相竞争。这些声音又可以分晚清和民国两个阶段来考察。

接下来，我们分别考察这两个中国现代性阶段中几位举足轻重的知识分子提出的普世主义蓝图，他们的思想各有特色又相互关联。历史的进程表明，这几种方案并没有哪一种在竞争中胜出。胜出的是另一种激进的普世主义，或称“革命的普世主义”，它成为20世纪中国相当长时期内的意识形态。

进化论和《大同书》

对外来宗教思想的翻译，也就是佛教的翻译，曾是中国文化史上长达一千多年的大事。西方用炮舰打开中国的大门，在沿海设立通商口岸之后，主要有两类洋人踏上中国的口岸：商人和传教士。商人关注的当然是做生意赚钱，传教士则带来了文化交流。传教士扮演了跨文化先驱的角色，把西方文化和知识带进中国，而许多传教士也成为著名的汉学家，比如理雅各（James Legge，1815—1897）就把中国儒家经典译成了英文。传教士的活动远远超出了其传教的本分。他们还开启了现代中国的报业，正是通过传教士办的报刊杂志，各种有关西方的文化知识被引进、译介到中国。它们为许多中国人（当然不限于华人基督徒）打开了通向世界的窗户，而且为现代中国的印刷文化树立了榜样。可以毫不夸张地说，中国士人得以扩展眼界看到一个全新的世界，西方传教士在这方面起到了关键的作用。

除了鸦片以外，炮舰给中国人震动很大。在 19 世纪的中国士人看来，中国必须做的第一件事就是学会如何制造这一神器。但他们也马上意识到翻译和翻译家的重要性，因为要获取现代知识必须通过翻译。冯桂芬在《采西学议》一文中特别指出，中国急需合格的翻译——当时称为“通事”：“我都护以下之于彼国则懵然无所知……于是乎不得不寄耳目于蠢愚谬妄之通事”，“今欲采西学，宜于广东、上海设一翻译公所……聘西人课以诸国语言文字”。[1]

1　冯桂芬：《校邠庐抗议》，第 210—211 页。

第二次鸦片战争之后，清廷于1861年设置总理衙门，负责外交事务。第二年，在恭亲王和海关总税务司赫德（Robert Hart，1835—1911）的建议下，清廷于总理衙门内设立同文馆。同文馆就是一所外国语学校。这是一个重要的机构设置，开启了把西方知识和文化翻译引入中国的先河。一个多世纪以来，翻译已经大大改变了中国文化的面貌，不仅是在中国人的语言上，更是在中国人的思维上。从晚清一直到今天，"外语"专业在中国的大学里乃至社会上享有很高的声望，比"外语"在西方的情况强多了。

严复（1854—1921）一般被公认为现代中国"翻译之父"。这不是因为他是中国第一个翻译家，或者是最多产、最受大众欢迎的翻译家——这个殊荣可能要给一个外文字不识，却在助手帮助下把大量西方小说译成文言的林纾（1852—1924），而是因为他的译著深深影响了中国人的思想。是他把进化论的观念——进步和竞争——译介给中国人。他译介的主要是英国维多利亚时代的思想家：

> 赫胥黎著《天演论》
> （*Evolution and Ethics*, Thomas Henry Huxley）
> 亚当·斯密著《原富》
> （*The Wealth of Nations*, Adam Smith）
> 斯宾塞著《群学肄言》
> （*The Study of Sociology*, Herbert Spencer）

约翰·穆勒著《群己权界论》
（*On Liberty*, John Stuart Mill）
约翰·穆勒著《穆勒名学》
（*A System of Logic*, John Stuart Mill）
甄克思著《社会通诠》
（*A History of Politics*, Edward Jenks）
孟德斯鸠著《孟德斯鸠法意》
（*The Spirit of the Laws*, Montesquieu）
耶方斯著《名学浅说》
（*Primer of Logic*, William Stanley Jevons）

进化论的观念后来在中国广为流传，影响深远，甚至我们可以说，当今的中国文化很大程度上是英式维多利亚文化。今天的中国人可能比英国人更热衷于进化、进步、竞争这些概念，而英国人反而会觉得自己已经从这些观念中又“进步”了。

就像中世纪的十字军东征，战争往往会有意想不到的后果：它能起到文化交流的作用。两次鸦片战争之后，中国士大夫阶层震惊于所面临的挑战，积极筹办洋务运动，提倡“学夷之所长”。其中一个项目是 1867 年建立的福州船政局及其附属的福州船政学堂，有两位法国海军军官被聘担任教员，严复是第一批学生，学习航海和海洋工程。当时科举仍是正道，上船政学堂并不是令人羡慕的职业选择。但事后来看，这让严复跨入了学习西方知识的最前列。通过十年的西式教育和上船实习训练后，严复又是第一批于 1877 年被政府派往英国格林威治皇家海军学院的留学生。两年留英期间，严复不仅课堂上认真学习，课外更是悉心观察英国社会。他还和当时清政府的第一任驻英大使郭嵩焘建立了友情。郭嵩焘开明通达，是晚清一位杰出儒士，他曾观察到，英国的议会制度比当时中国的王朝制在代表民意上更接近儒家的理想。资深外交家和年轻学子经常促膝谈心，交流在英国的体验和心得。正因为开明，郭嵩焘不久便被调回国。严复留学回国后担任海军教官，虽然仕途缓慢上升，但其志向和见解并没有得到重视。

十五年之后，中国在甲午战争中惨败，严复才站到中国知识界的前台。战争中，号称当时亚洲最强大的北洋舰队被日本海军击垮。严复一直服务于海军，许多同学和朋友也阵亡了。但中国的失败并不仅仅是军事上的，对整个精英阶层的心理而言，这是一次彻底的打击。在中国人眼中，日本一直是中国文化圈里一个小兄弟。明治维新后，它踏上了西化之途，现在则成功地让中国人“跪下”求和。秘密在哪里？日本从西方学了什么？这是时人关注的问题。当时出现了众多不同的声音，张之洞、康有为、梁启超等纷纷给出自己的解释，呼唤变革。严复当然是最重要的声音之一，或许还是最有影响的。

严复认为，秘密在维多利亚的英国，在于由维多利亚时代的思想家——如赫胥黎、斯宾塞、穆勒和亚当·斯密——所提倡的进化、进步和竞争的观念，在于一套不同的社会政治制度，而这种制度的基本价值和游戏规则叫自由和民主。

严复告诉国人，英国社会的成功在于其治理原则是"以自由为本，以民主为用"。换句话说，首先确定人是自由的，必须享有自由，所以拥有某些不可剥夺的权利；作为自由的人，他们通过一个民主的机制，即议会民主制，来参与社会治理。人生来自由而平等，这种观念和中国的家／国治理模式一比较，差异明显，因为家／国模式下的法家、儒家强调的是等级服从，人民被视为治理的对象："臣民"。一点都不奇怪，严复沿袭了孟子"民为贵"的传统，指责朝代制下皇家实际上是"窃国贼"，把"国"从人民手中偷走了："斯民也，固斯天下之真主也，必弱而愚之，使其常不觉，常不足以有为，而后吾可以长保所窃而永世。"[1]中国要避免被日本羞辱，必须从根本上改变："是故富强者，不外利民之政也，而必自民之能自利始；能自利自能自由始；能自由自能自治始……"[2]

更为关键的是，严复通过译介维多利亚时代的进化论和进步观，为中国求变找到了一种新的哲学理论，一种

1　严复：《辟韩》，《严复集》（第一册），中华书局，1986年，第36页。
2　严复：《原强》，《严复集》（第一册），第14页。

新的宇宙观。严复以翻译赫胥黎的《天演论》而著名。把*Evolution and Ethics* 译成《天演论》，看上去好像完全不符合“忠实”的翻译原则，尽管严复在“译例言”中提出了“信达雅”翻译三原则，还被视为现代中国“翻译之父”。严复的文言译文用的是中文现有的词汇，但赋予其新的“异域”意涵，可谓旧瓶装新酒。社会达尔文主义的关键概念“natural selection”和“survival of the fittest”分别被严复译为“物竞天择”和“适者生存”。这两个概念威力巨大，对几代中国士人产生了广泛的影响。《天演论》不是逐字翻译，甚至不是逐句翻译，文本经过译者选择并重组。而且在“译文”之外，严复还加上自己的“案语”，为译文提供背景知识，阐释社会达尔文主义的观念，特别是斯宾塞的思想，以及自己的评论。

人们不禁纳闷，严复为什么要选择赫胥黎的 *Evolution and Ethics* 来介绍社会达尔文主义的观点？*Evolution and Ethics* 的直译应该是《进化论与伦理观》，显然赫胥黎是把进化和伦理看成两个不同的领域：前者属于自然世界，而后者属于人文世界。赫胥黎当然不是在宣扬“丛林法则”“物竞天择”，他反对把它们视为我们的伦理原则。但从更深的层次看，严复抓住了赫胥黎要表达的中心思想，即进化论给我们提供了一个新的宇宙观，在此基础上，我们应该探寻一个新的适用于人类社会的“伦理观”：应该赋予人更为积极的、更有朝气的、更有能动创造性的作用。清代学者吴汝纶在为《天演论》写的序中指出，《天演论》可以和“晚周诸子相上下”，又显然不同于诸子学说，自成一体。赫胥黎如果听到这个评价，肯定会非常欣然，因为这就是他要说的意思。赫胥黎在原著中强调的中心思想就是要说，因为我们有了一个新的理解宇宙的科学观，即进化论，我们也应随之发展出一种新的伦理观，有别于旧的伦理观——无论是来自西方的（古希腊）还是东方的（古印度）。无论东方还是西方，传统的哲学和宗教都是建基于这样一种对宇宙的理解：把人类生存看作吃苦受难的经历。赫胥黎认为，既然我们现在有了科学的宇宙观，即进化的原则和过程，古代只是人类文明的婴儿期，我们现在应该抛弃这种观念，即我们生活的目的只是为了逃避苦难……无论是古印度或古希腊的理念，这些理念要我们摆脱邪恶，结果只是逃离战场……我们早已走出人类勇敢的孩童期。我们已经是成人，必须像个大丈夫：……有坚强的意志，去努力、去探寻、去发现，不低头……珍惜我们身边之善，担负我们周边之恶，全心竭力遏制之。这样，我们应该为一个理念、一个希望而努力：

挂帆沧海，
风波茫茫。
或沦无底，
或达仙乡。

二者何择，
将然未然。
时乎时乎，
吾奋吾力。
不竦不戁，
丈夫之必。[1]

赫胥黎的演讲以丁尼生的诗句结尾，非常恰当，因为丁尼生一般被公认为最能代表维多利亚时代蒸蒸向上、朝气蓬勃的声音。赫胥黎不知道，同样的诗句既可以反映出大英帝国的信心满满，经过严复的翻译后也可以鼓励成千上万的中国人。通过严译《天演论》，中国读者受到启蒙，了解到宇宙间的规律是适者生存。正如个人为了生存必须“去努力、去探寻、去发现，不低头”，国家也必须竞争才有富强，而这就是“西方列强之所以强，中国之所以弱”的道理。一个民族国家不能竞争，就会被征服、被殖民，从而消失。这就是现今世界民族国家的处世之道。

严复的《天演论》用的是文言，并从中国古典经文中借用了许多词汇，所以在传统中国读者眼里，不仅读起来可信，而且又和传统中国所熟悉的世界完全不同，这在中

1 Thomas H. Huxley, *Evolution and Ethics*, London: Macmillan and Company, 1893, p.37. 丁尼生的诗采用严复的译文，参见严复《天演论》，《严复集》（第五册），第 1398 页。

国知识界引起了很大的震撼。事实上，它成为一个现代经典，后来人都必须以此为出发点。它对当代以及晚辈士人的影响都是有据可循的。不仅当时各种不同派别的晚清士人都受到严复的影响，而且晚一辈的民族主义以及共产主义者也都受过严译进化论的洗礼。像民族主义革命家孙中山、陈天华、邹容都受到严著的鼓励，用胡汉民的话说："自严氏书出，而物竞天择之理，厘然当于人心，而中国民气为之一变。"[1]在新文化运动领袖人物中，鲁迅曾经着迷于《天演论》："一有闲空，就照例地吃侉饼、花生米、辣椒，看《天演论》。"[2]最能表达严著对后世之影响的，还是胡适的总结："在中国屡次战败之后，在庚子辛丑大耻辱之后，这个'优胜劣败，适者生存'的公式确是一种当头棒喝，给了无数人一种绝大的刺激。几年之中，这种思想像野火一样，延烧着许多少年人的心和血。"[3]

康有为（1858—1927）是严复的同代人，也是戊戌变法（或称"百日维新"）运动的领袖人物。这次变法试图把中国改制为君主立宪政体，最终失败了。康有为在其《大同书》中提出的普世蓝图一直没有得到足够的重视。该书

1　胡汉民：《述侯官严氏最近政见》，转引自皮后锋《严复大传》，福建人民出版社，2013 年，第 163 页。

2　鲁迅：《鲁迅全集》（第二卷），人民文学出版社，1981 年，第 295—296 页。

3　胡适：《四十自述》，《胡适文集》（第 1 册），北京大学出版社，1998 年，第 70 页。

写于1902年，但直到1935年才正式出版。这本书很特别，它为实现一个新的普世世界——大同世界——勾勒出一套乌托邦式的总体蓝图。但康有为并不认为自己设计的是一个不切实际的乌托邦幻想，相反，他列出了许多具体建议以及逐步实施的机制。康有为的大同话语可以看成中国现代性开启之后，中国士人对中西知识进行重组，以构建一个新的普世世界的一种努力。它批判性地糅合了儒、佛和进化论的理念，为现代世界描绘了一幅既可向往又可行的有效的蓝图。在这个大同世界，人类生存的终极目的是快乐和幸福，但康有为对当下世界的判断非常悲观。该书第一章描述当今人类经历的各种各样的苦难，包括“人生之苦”“人情之苦”“人治之苦”“天灾之苦”等。康有为认为，造成人类受苦的根源在于“九种界限”，即国界、级界、种界、形界、家界、产界、乱界、类界、苦界。康有为认为，只要能够去除“九界”，我们就能走向大同的极乐世界。书中每一章逐个探讨如何去除这些界限。

值得注意的是，在描绘扫除界限走向大同的路线图中，康有为把“国”的概念及其存在看成导致苦难的首要界限。康有为说，你看看，一个人从出生到成人，要经历多少磨难，先是九月怀胎，生产时要度过危险，之后还有各种疾病侵袭，儿童成长时还要避免各种意外事故。可是，一旦国家间宣战，成人便要奔赴战场为国效力，成千上万的人命消失于弹指一挥间。人类都是集体动物，群体属性导致国家的形成，国家之间必定要为利益而争，也就必定导致战争。

在康有为看来，“国”不仅是一个现代产物，在中国和世界，它其实历史悠久，一直都是造成血腥战争、生灵涂炭的根源。康有为例举了历史上一系列因国与国的竞争所造成的灾难。在中国，从上古时期一直到现今，朝代更替都伴随着血淋淋的战乱。中国历史上有一段时期就叫“战国”，好几百年，群雄争霸，老百姓遭殃。每一个朝代崩溃时，都是老百姓日子最难过的时候，不光有农民起义，还有各路豪强争霸。所以儒家的理想永远都是“大一统”，因为只有中国统一时，老百姓才能过上相对和平安康的生活。在西方历史上，国与国之间的战争更是不计其数，比中国更糟糕。康有为非但没有赞赏民族国家和帝国主义在现代西方的兴起，而且把西方历史看成一轮又一轮不断循环的人间苦难，且都是国与国之间大大小小的战争引起的，从埃及到希腊、罗马、波斯，再到日耳曼民族、俄罗斯。“统欧洲自罗马以还，大战八百余，小战勿论，其膏塗原野，惨状何可言耶！”[1]

于是，康有为提出了具体的措施来消除国家：借用儒家三世说，分三步走。第一阶段“据乱世”实施“各国平等联盟”，以协调各国利益，最终削弱独立国家的私利与权限。为达此目的，各国必须“弥兵”，即停止军备竞赛，

1　康有为：《康有为大同论二种》，生活·读书·新知三联书店，1998 年，第 118 页。

削减军力，因为兵力乃战争元凶。康有为明白各国都想保持自己的军事实力，但这正是为什么必须以裁军为起点，慢慢削弱民族国家的主权意识。康有为认为，裁军是世界历史发展的必然趋势，也是“各国平等联盟”的主要任务。在此阶段，联盟只是一种“公议会”，还没有“公政府”，人们的生活仍然按民族国家的形式管理操作。等到慢慢地过渡到第二阶段“升平世”，各国仍然自理内部事物，但同时出让部分主权，成立一个“公政府”，大政大事交由“大政府”统一处理，实行“联邦制”。康有为列出联邦政府的一系列功能，其中最为关键的包括建立全球范围的交通网，自下而上的民权保障以确保“公政府”乃立宪民主制。当“公政府”越来越像美利坚合众国的联邦制，民族国家便越来越显得没什么用处，我们便能进入“大同世界”——“无邦国、无帝王、人人相亲、人人平等、天下为公”的太平世。

在通向大同世界的道路上，“国”是必须消除的首要界限；同时，康有为认为消除种族界限会更难。康有为已经了解新的世界政经地图，知道人类可分五大种类：欧洲的白种、亚洲的黄种、非洲的黑种、太平洋和南亚的棕种等。即使国家进化到统一的公政府时期，人种的界限还将存在。但在大同世界，应该只有一个人种，因而也就无所谓种族。康有为提出的实现种族统一和谐的措施，深深打上了进化论的烙印。

康有为提出的是一套长期的种族融合优生学方案，通过种族联姻以消灭种族差异和不平等。这套种族联姻优生学方案背后显然假定了种族间的等级关系。康有为承认白种人在世界上的主导地位，因为这就是“适者生存”进化逻辑的必然后果。按照优胜劣汰的逻辑，白种人征服土著人种进而遍布全球，正如中国人向南部和西部推移把当地人赶去山居一样。“于全世界中，银色之人种横绝地球，而金色之人种尤居多数，是黄白二物据有全世界。白种之强固居优胜，而黄种之多而且智，只有合同而化，亦万无可灭之理。”[1] 康有为的种族混血方案旨在最终消灭种族区别，是其大同话语的一部分。在其三世进化途径上，由黄种和白种人共同主导世界的现象发生在第二阶段“升平世”，黄白之间继续混血联姻便走向最后的大同世界，大家都是混血种，也就无所谓种族差异了。

没错，康有为的种族思维深受进化论影响，把白人的支配地位视为当然，但他提出的解决种族不平等的普世方案仍然有颠覆西方优生学的地方。优生学旨在达到种族净化以维持白人至上地位，而康有为的方案是要通过混血联姻以消灭种族。再者，康有为在种族问题上的进化论态度，也不能说是本质主义的。尽管康有为接受了白种人的主导地位，视其为进化过程的结果，他仍然强调人的种姓特征

1　康有为：《康有为大同论二种》，第 167 页。

不是一成不变的，而是随着环境变化而变化，或者改善。虽然他视黑种人和棕种人为劣等种人——“棕色者，目光黯然，面色昧然”“黑种之人，铁面银牙，目光睒睒”，但他同时指出英国人在印度生活了两三代之后，也会“退化”，“面即黄蓝”。[1]“故欲致诸种人于大同，首在迁地而居之，次在杂婚而化之，末在饮食运动以养之，三者行而种人不化，种界不除，大同不致者，未之有也。”[2]

康有为的大同话语中一个最为激烈的批评在于其取缔性别界限（“形界”）的女性主义立场。在康有为看来，性别不平等是人类历史上最为残酷、最为不公的。世界万物有阴阳，人类有男女，在人所具备的机能品质中，女性一点也不比男性差，但几千年来，无论中外，女性都被置于第二性，其遭受奴役之苦无法用言语表达。康有为列举了一系列东西方给妇女强加的枷锁：她们不能做公务员，不能参加公务员（科举）考试，不能做议员，不能拥有男性公民所享有的公民权利和责任，不能参与公共事务，不能成为学者，不能独立，不能享有自由，特别是婚姻自由，因而她们事实上就是男性的奴隶和囚犯。为了让妇女完全独立，康有为在他的大同世界里提出了一个极端方案：大同世界没有婚姻，也没有丈夫和妻子，男女可自愿签订一

1 康有为：《康有为大同论二种》，第 168 页。
2 同上，第 174 页。

年可续合同，结成拍档一起生活。[1]

康有为的普世蓝图还包括去除阶级差异（“级界”）、取消家庭制度（“家界”）、取缔私有财产（“产界”）、统一度量衡（“乱界”）、人类和自然界物种平等相处（“类界”），最终来到大同世界，那时人类唯一的追求只有快乐。康有为的大同话语最值得注意的一点也许就是其明确的目的性：追求快乐。“九界”导致人类一切苦难，“九界”一除，大同世界便只剩下人类享受各种快乐而已。他们可以享受居所之乐，因为人们不用再自己建房买房，大家都住在公屋或豪华大酒店里；他们可以享受“舟车”之乐，水上有自动船、陆上有自动车穿梭；他们可以享受饮食之乐，丰盛佳肴还有机器人送到你的房间；他们还可以享受“衣服之乐”“器用之乐”“净香之乐”“沐浴之乐”“炼形神仙之乐”，最终达至“灵魂之乐”。最后，有意思的是，康有为用“乐”来界定“进化”：“尽诸圣之千方万术，皆以为人谋免苦求乐之具而已矣！无他道矣。能令生人乐益加乐，苦益少苦者，是进化者也，其道善。其于生人乐无所加，而苦尤甚者，是退化者也，其道不善……九界既去，则人之诸苦尽除矣，只有乐而已。”[2]

1　康有为：《康有为大同论二种》，第 230—234 页。

2　同上，第 361 页。

中国的文艺复兴

毫无疑问，像严复和康有为这样的晚清士人对晚一辈的普世派精英产生了重大影响。清末政府被迫推行“新政”，其中一个政策便是于 1905 年废除了行之千年的科举制，导致大批青年学子漂洋过海出国留学。到了 20 世纪第一个十年中期，这些学子已经开始走上中国知识界的前台，发起了一场“中国的文艺复兴”，或称“新文化运动”（1916—1919）。它实际上就是一场文化革命，颠覆了中国文化的基本面，使中国文化不可逆转地跨入“现代”。新文化运动是一场普世主义运动，其中心议题即拥抱世界，提倡“德先生”（民主）和“赛先生”（科学），同时对传统中国文化进行彻底批判和重新评估。整场运动的起点是一次“文学革命”，而这次革命是因对中国语言的现代性问题的争论而引起的。这场辩论首先在一小群留美学生中展开，其核心人物是一位年轻学生，名字叫胡适（1891—1962）。

1915 年夏，一群中国留学生刚好都来到纽约旖色佳小镇度暑假，这里是康奈尔大学所在地，其中包括胡适、赵元任、梅光迪（1890—1945）、任鸿隽、唐钺和杨铨。胡适等人都在康奈尔大学就读，而梅光迪等则是到访路过。他们在暑期清谈中聊起了汉语的话题。胡适提出了一个极端挑衅的革命式论断：中文已死！他的意思是说，中国人书写的标准文体——文言已死，或者起码是“半死”，因为很多文言功能，诸如用词用典等，都已经和我们的日常生活脱节，变成了没有生命气息的陈词滥调。也就是说，中文的书写和言语已经脱节。胡适提倡用通俗的“白话”来代替已死或半死的文言，怎么说就怎么写。这是一个革命性的倡议，因为白话虽然早就存在，特别是通俗小说和戏剧的创作都是白话文，但在文人学者眼里，这些玩意向来都是低级庸俗的东西，根本不能登大雅之堂。

胡适在他的一帮同学中很孤独，没人同意他的观点。他的主要论敌是梅光迪，哈佛大学白璧德教授的门徒。白璧德倡导的“新人文主义”继承了马修·阿诺德文化批评的传统，和埃德蒙·伯克一样，蔑视法国大革命和浪漫主义。对白璧德和他的中国门徒来说，东西方应该坚持各自传统中的精华互补互益，对传统实施革命性的断裂只会“把婴儿和洗澡水一起倒掉”。用白话代替文言，那就是要把承载中华文明的精华倒掉。这场辩论在几个留美学生间以书信方式持续了一年，最后胡适把它带回了国内。当时有一帮留日回来的学人办了一本新的杂志叫《新青年》，胡适在该杂志发表了《文学改良刍议》一文，一下掀起千层浪，杂志主编陈独秀极力附和，“文学改良”遂变成了一场“文学革命”。

这场革命没过几年便获得成功，白话替代文言已成定局，全国各大报刊以及学校都开始用白话，用了几千年的文言就这么被宣布“死亡”，“现代汉语”由此诞生。其来源有三个主要方面：已经在小说和戏剧创作中使用的传统白话文、自胡适倡议后兴起的“新文学”创作以及大量的翻译。新文化运动开启了新一波翻译浪潮，西方文化传统的各种名著和思潮都被译成白话，而且许多翻译词汇还是借用日语翻译西文的词汇。新的白话文翻译成为标准译文，迅速替代了前辈如严复等人的文言译文。新词和外来词成为现代汉语的主要特征。所谓“现代汉语”，没有新词和外来词是不可想象的。到今天，成百上千的外来词，诸如革命、科学、经济、共和、警察、沙发、香槟等等，早就成为汉语日常用语，已经没人把它们当作“外来词”了。

白璧德的中国弟子梅光迪和吴宓等人后来回国组成了“学衡派”，以抗衡新文化运动。但他们的影响有限，基本上被新文化运动的光环盖过。开始还是一场“文学革命”，不久便演变成包罗万象的“文化革命”——要对一切价值重新评估，尼采式的重估。“中文已死”就好像尼采的“上帝已死”一样，充满革命色彩。文言被白话取代之际，整个中国文化价值都遭到质疑或颠覆，随之通过翻译，大量西方的思想理念涌入中国，诸如科学、民主、人文主义、平等、妇女权利等等，其中一个关键概念便是批评的态度。

事实上，由胡适引导出文学革命，正说明他具备了普世性的批评能力。胡适出生于一个传统的士大夫家庭，父亲曾任晚清政府高官，但在胡适很小时便去世了。胡适从小受过严格的私塾教育，出国前在“中学”方面已打下扎实的基础。他是第二批庚款赴美留学生。义和拳运动惨败后，美国拿出一部分清政府的赔款设立基金，资助中国学生赴美留学。1905年废科举之后，每年举行的赴美留学生考试对当时的中国青年是很有吸引力的一件大事。胡适在考试中“国文”得了满分，成功被选为1910年七十位赴美留学生之一。不能忽视胡适在国文上的经典训练，因为这为他以后成为跨文化的批评家打下了坚实的基础。胡适的成长过程适逢大转型时代，科举制于1905年被废，传统的国学体系正在瓦解。但此时，中国精英阶层的大部分在其孩童青春期都仍然接受了系统的传统私塾教育。等到他们上高中时，他们又开始接触“新学”，或称“西学”，包括英语和科学等课程。胡适给自己起的名字正是他所处时代的一个象征。胡适上高中时决定给自己起一个表字：适之，套用当时流行的严复的进化论译文“适者生存”。对胡适来讲，出国留学的经历赋予了他全新的普世式世界观，这一点光靠国文训练是绝对不可能的。

胡适在康奈尔大学出类拔萃。这倒不是说，他是一个死用功的中国学生，考试成绩门门得优。1910年入读康奈尔大学时，他是读农科专业的，后来发现不适合，才转读文科。在康奈尔读书期间，胡适全身心投入美国生活的方方面面，不仅是中国留学生的领袖，而且担任国际学生俱乐部的领袖，对中国和美国都有批评灼见。他参加了旖色佳教堂的许多活动，尤其对美国的教派（如贵格会和摩门教）特别感兴趣。他还积极投入1912年美国总统大选的竞选活动。在康奈尔大学期间，胡适还成了一位非常有才华的演讲者，在旖色佳及美国各地对美国公众巡回演讲。1912年世界上发生了一件新鲜事：亚洲产生了第一个共和国——中华民国。美国大众很感兴趣，都想了解这一历史事件。胡适回忆说，当时有很多演讲需求，而只有一个学工程的中国学生能做公共演讲，他是上海圣约翰大学毕业的。他一个人顾不过来，便请胡适分担一部分。结果胡适演讲非常成功，很受欢迎，美国各地都有邀请，以致康奈尔大学甚至觉得他到处演讲耽误了学业。[1]同时，胡适还担任康奈尔国际学生俱乐部主席一职，这是由康奈尔世界各国学生组成的学生会组织。显然，胡适这时已经是从普世的角度来为中国事务发言，做公众演讲。这从胡适该时期的演讲和写作中可以清晰地看出来。

中华民国于1912年1月1日建立，胡适对民主制降临中国欢呼雀跃。在《中国成了共和国》（“A Republic for China”）一文中，胡适力排美国当时流行的观点认为民主不适合中国，指出：在王朝和贵族背后，中国一直有一种潜在的、和平的、东方式的民主观念占举足轻重的地位。比如，中国最早的经典《尚书》便阐明了治天下的“道德

1 胡适：《胡适口述自传》，《胡适文集》（第1册），第226页。

准则"："民可近，不可下，民惟邦本，本固邦宁。"[1]

胡适还引用孟子"民为贵"的理念，称孟子为"东方的孟德斯鸠"。正如周质平（1947— ）指出的，一般来讲，胡适在其英文著作中对中国文化比较同情，而在其中文著作中往往对中国传统采取激烈批评的态度。这并非意味他的思绪混乱，而是说明他对不同的听众有不同的策略。[2]更为重要的是，我们要看到，无论是在中文还是在英文著述中，胡适对中国文化的态度都是出于普世式的世界观，中国文化的问题是我们所处的现代世界所面临的问题的一部分。在康奈尔上大学期间，胡适已经培养出普世批评的能力。

胡适在美国留学期间，正逢第一次世界大战，他热衷于和平运动，对威尔逊世界和平原则极为赞赏。他的英文文章《国际关系中有无替代强力的东西？》曾获1916年"国际政制俱乐部"年奖，不仅显示他对自由普世的和平哲学有独到的把握，而且单从一位大学本科生的英文写作能力来看，也是一流的。他卸任康奈尔国际学生俱乐部主席时，做了一个告别演讲，回答了会员关注的两个议题：其一，俱乐部不应该参与和平运动；其二，俱乐部里"犹太人和

---

1 胡适：《胡适英文文存》（三），周质平编，外语教学与研究出版社，2012年，第1页。胡适的英文译文是：The people should be cherished/And should not be downtrodden/The people are the root of a nation:/If the root be firm the nation is safe.

2 周质平："序言"，《胡适未刊英文遗稿》，周质平编，台北联经，2001年。

黑人太多了”。胡适回应道，国际学生俱乐部的基本职责之一便是“要促进不同民族间的友好交往和商务关系，为秩序和正义寻求一个更高的标准……以便为国际和平和善意建立基础”。因此，我们应该为我们的俱乐部感到“骄傲”，因为“我们是唯一的学生组织，其成员包括‘各个民族’，不考虑任何肤色、出生、家庭背景或经济条件”。[1]

因此，胡适呼吁“文学革命”时，我们一定要注意他的普世性教育背景。胡适在回忆中似乎把它说成一个历史偶然事件：引起他讨论中文现代性的问题，是因为负责留学生事务的清政府监督处一位官员的怪癖。这位官员也是圣约翰大学毕业生，负责每月给留学生发放政府津贴，但每次在信封里会夹一张字条，上写：废除汉字！胡适觉得很讨厌，似乎觉得这个圣约翰教会大学毕业生没资格来讲中国语言和文化。[2]他没有说明为什么。潜在的意思是，只有像他这样的学者，既受过传统国文的训练，又“看过世界”，才能正儿八经地探讨中国语文改良事宜。胡适的故事告诉我们，自中国被迫开放受到西方影响以来，特别是随着西方传教事业的展开，中文便一直受到挑战。当时许多知识人士倡导彻底废除汉字，采用像西方语言一样的音符字母，因为他们认为中文正是落后的封建传统文化的象

1 胡适：“Lest We Forget”，《胡适未刊英文遗稿》，第 3 页。

2 胡适：《胡适口述自传》，《胡适文集》(第 1 册)，第 308—309 页。

征，必须全面推翻。相比之下，胡适提倡用白话代替文言，确实只能算是一个“小小的建议”。这项建议之所以大获成功，是因为它是实际可行的，同时也起到了唤醒中国人的紧迫感以及和现代文明接轨的目的。

由胡适的“改良刍议”引发的新文化运动，彻底改变了中国文化。在“德先生”和“赛先生”的旗帜下，其核心是一种“批评的态度”——一种普世式的批评态度。胡适成为现代中国知识分子的领袖和楷模，全面推动产生了中国文化的新范式。这个新范式包括两个互相关联的部分：对传统儒家的政治文化体系进行解构性批评，使之再也无法作为中国文化之“本”，同时允诺通过“充分西化”（如果不是“全盘西化”的话）去创建一个“新的文明”。

上文中胡适两次提到上海圣约翰大学并非偶然。民国时期的圣约翰是中国最成功的教会大学，科举制废弃之后，教会学校为中国年轻人提供了另一个精英教育的途径。民国各行各业都有圣约翰大学毕业生的影子。自由普世派知识分子中最知名的，除胡适之外，就是另一位圣约翰毕业生：林语堂（1895—1976）。

胡适是在留美求学期间被造就成一位普世性知识分子的。林语堂也曾赴美，后又转至德国读研究生，但他的普世教育是在厦门和上海的教会教育开始的。胡适在康奈尔大学出类拔萃，林语堂在圣约翰成就斐然。在圣约翰，林语堂从各方面来说都是一位“最杰出的学生”。他参加各种课外活动，在知识追求上获得的成就无人可比。他是1916年级学生会主席，和胡适一样，在大学期间练就了卓越的演讲才能。他是英语小说创作和英语朗诵得奖者、圣约翰学生刊物《约翰声》英语编辑、圣约翰大学年鉴《圣约翰人》主编。他曾被学生投票选举为“最佳英语作家”“最佳英语口语演讲者”“最佳英语辩论家”。[1]

林语堂在20世纪30年代成为上海知识界的领袖人物，曾担任“自由主义普世派俱乐部”主席一职。之所以成立该俱乐部，“目的是要把国籍虽不同，普世精神理念却相同的上海居民聚合起来，增加互通与了解”。[2]林语堂在俱乐部成立聚会上发表《什么叫自由主义》的演讲，把“自由主义”定义为能欣赏和容忍他者。林语堂说，自由主义就是“一种态度，一种思维方式”，用一种开放的态度去拥抱他者，而不是遵循“野蛮人的部族本能”，只知道自己的一切都是对的。“外国人的风俗、法律和宗教乍一看上去毫无道理，但是新的自由主义的态度就是要努力在这种无理中找出道理，这种态度是人类历史上新近的发展，毫无自然本能来维系之。只有通过正确的教育，强大的包容

1　*The Johannean*, Vol. II, 1915–1916.

2　“Proposal for a Liberal Cosmopolitan Club in Shanghai,” *The China Critic*, III (November 13, 1930): 1085. 译文转引自钱锁桥《林语堂传：中国文化重生之道》，第24页。

心，再加上精神上的努力，我们才会对外国人的习俗培养出一种自由主义的态度。”[1]

我们上面讲到，由文学革命点燃的新文化运动有两个目标：推动“德先生”和“赛先生”在中国扎根。为了把中国文化重造为一个“新的文明”，新文化运动的另一面主旨便是“重估一切价值”，对中国传统文化进行猛烈攻击，甚至很多人倡议完全废除汉字。林语堂也是新文化运动的支持者，赞同并支持中国文化必须走向现代化，但同时，他并没有采取全面反传统的态度。他勾勒出的普世愿景是要重建中国文化，使其融入“新的文明”而得以重生，而“新的文明”必须依赖东西方的文化资源来共建。也就是说，林语堂试图把中国传统文学和文化现代化，使其转化为构成现代人类文明的可用资源，让它们在构建人类共同的文明中仍然发挥不可忽视的作用。

在中国语言和文学两个领域，林语堂都勾勒出使其现代化的独特途径，并亲自付诸实施。林语堂一开始是一位受过现代训练的语言学家，一辈子都着迷于国语改良，这种努力最终使他成为一名发明家：发明了第一台中文打字机。新文化运动时期很多人坚信汉字必须废弃，代之以一种拼音字符。林语堂则很不以为然，他断然指出：“中国

---

1 Lin Yutang, “What Liberalism Means,” *The China Critic*, IV (March 12, 1931): 252. 译文转引自钱锁桥《林语堂传：中国文化重生之道》，第 25 页。

不亡，必有两种文字通用，一为汉字，一为拼音字。”[1]在林语堂看来，那些要废除汉字的人忘记了书写文字有“美学”和“工具性”两种功能。国语改良必须两条腿同时走才能成功。有必要创建一套拼音系统，但它只能是一种辅助工具，其设计应该尽量符合国际惯例。同时，汉字一定要保留，但必须进行“现代化系统改造”，包括规范一些字，并逐步简化一些字。林语堂在20世纪30年代创办的文学杂志便曾率先试用一些简体字。他起先关注中文索引的问题，试图研究出一套科学的汉字索引制，这项研究持续几十年，最终在美国成功发明了“明快”中文打字机，但因为没能大批量生产，导致他负债累累。晚年在台湾，林语堂看到汉字改良在大陆得到推进，而在台湾毫无进展，非常沮丧：“汉字的问题，我经过五十年的思考，并曾倾家荡产为之。”[2]晚年林语堂仍时时不忘汉字现代化事业，不管哪个政党推动，他都支持。

林语堂对文学革命后的“新文学”的贡献同样重要。他指出，中国传统文化太注重“文章”之修辞华丽，缺乏真正有见地的思想。我们应该把文学的理想立足于更高的层次，文学应该表现生活，批评生活。为了使中国文学重获活力，林语堂把“幽默”的观念引入中国文化。“幽默”

1 林语堂：《谈注音字母及其他》，《语言学论丛》，上海开明书店，1933年，第351页。

2 林语堂：《联合报创用常用字的贡献》，“《中央日报》”，1971年9月16日。

是林语堂首先译出的现代汉语新词，如今已成为中文的日常用语。林语堂有关幽默的跨文化翻译正是要使中国文学和文化现代化的具体措施之一。为了使中国传统文化从宋明理学的桎梏中解脱出来，林语堂倡导一种轻松活泼的写作风格，旨在为中国文化引入一种新的世界观。而林语堂在这方面的成功要归功于他的中英双语和双文化背景。他不仅是一个中英双语作家（并有可观的中英双语作品），而且其处女作也是英文作品，这在现代中国作家中可谓独树一帜。从 1930 年开始，林语堂在英文《中国评论周报》上开辟“小评论家”（The Little Critic）专栏，一周写一篇轻松随意的英文小品，而这些“小评论”后来又被自“译”成中文，在他主持的中文杂志上发表。然而，林语堂的双语双文化造诣并没有促使他响应“全盘西化”。相反，早在新文化运动如日中天之时，林语堂便警告道，白话文“最易泛滥，最易说一大场无关着落似是而非的老婆话”。因此，我们提倡的白话文学应该注重义理修辞，强调“Lucidity”（清顺）、“Perspicuity”（明了）、“Cogency of Thought”（构思精密）、“truth and appropriateness of expression”（用字精当措辞严谨）。[1] 在 20 世纪 30 年代，林语堂进而倡导语录体风格，一种半文半白的文体，用它来抗衡粗糙的“老婆话”

1　林语堂：《论“汉字索引制”及西洋文学》，《新青年》第 4 卷第 4 期，1918 年，第 367 页。

以及自诩为精致的、完全欧化的“翻译体”。在林语堂看来，中国文化要得以重生，欧化汉语及其文体肯定是歪门邪道。

在其名著《生活的艺术》中，林语堂对中国文化智慧进行梳理和重新阐释，提炼出一套基于自由和生命美学的“抒情哲学”：在全球舞台上重新发现中国文化的资源，使其焕然一新，阐发一套引人入胜的“抒情哲学”。这也证明，传统文化对中国现代性仍有活力，完全可以不断开发。在林语堂看来，中国文化的最高理想体现为“一位达观者，他对人生的意义祛魅后仍保有智慧”。林语堂的《苏东坡传》便是在重构这一中国文化的理想人物：

> 苏东坡是个秉性难改的乐天派，是悲天悯人的道德家，是黎民百姓的好朋友，是散文作家，是新派的画家，是伟大的书法家，是酿酒的实验者，是工程师，是假道学的反对派，是瑜伽术的修炼者，是佛教徒，是士大夫，是皇帝的秘书，是饮酒成瘾者，是仁慈的法官，是政治上的异见者，是月下的漫步者，是诗人，是生性诙谐爱开玩笑的人……苏东坡这个人，是个多才多艺的天才，为人宽厚幽默，既有超凡的智力，又有天真烂漫的童心——正如耶稣所说，既有蟒蛇的智慧，又有鸽子的温柔敦厚。[1]

---

1 Lin Yutang, *The Gay Genius: Life and Times of Su Tungpo*, p.vii–viii.

把苏东坡塑造为中国文化的典范，这和新文化运动的彻底反传统志趣已经很远。但林语堂也很清楚，他所生活的时代很难实现这种普世理想。在另外的场合，他还曾经把道家的“浪人”视为现代社会的最佳人格代表，因为“或许只有这种最为高尚的人”才能坚守人类尊严，并警告我们失去自由和尊严的后果会是怎样：

> 面临我们这个时代对民主和个人自由的诸多威胁，也许只有浪人和浪人精神才能拯救我们，以免人类都变成编列成码、循规守矩、顺从驯良、身穿制服、脚步齐整的苦力。[1]

1　Lin Yutang, *The Importance of Living*, p. 12. 译文转引自钱锁桥《林语堂传：中国文化重生之道》，第 18 页。

第七章

不断革命，继续革命

中国人如今生活在一个超级国家里——一个全球资本主义衬托的社会主义国家、全球第二大经济体。这对中国文化产生了巨大的影响。比如，儒家传统曾经遭到极端的、毁灭性的破坏，直到最近，它又被重新奉为主流的意识形态话语。由此看来，有人就认为，儒家传统在当今中国文化里也就一层皮。但我认为，也许更重要的问题是：这一超级国家的实质是什么，它是怎样形成的。

为此，我们得探讨中国文化的另外一面——革命。总体来讲，建立一个"富强"之国，这是现代中国几代知识分子的共识。但超级国家的诞生，很大程度上要归功于中国人思想上的激进化，尤其是受到共产主义（也可以称为"革命的普世主义"）全球化的影响。革命及其后果都是中国现代性经验的一部分。中国现代性充斥着各种革命，经由一系列革命而达成：从太平天国、戊戌变革、辛亥革命、二次革命、文学革命、民族主义大革命到共产主义革命。

太平天国

中国现代性自 1840 年鸦片战争开启之后十年，便迎来了一场大规模革命：1851—1864 年的太平天国运动。

我们已经讲过，中国历史上所谓的“中华盛世”，其开启和终结都是一场改朝换代的血腥战争，往往是以农民起义的方式。这些战乱往往都是人类历史上极为残酷血腥的。为什么这种惨无人道的悲剧会不断重复？其中一个原因就是儒教内部一直存在一种紧张：一方面特别强调秩序和稳定，另一方面又有“天命观”，强调统治的合法性要符合“天命”。那要怎样才能剥夺统治者的合法性，让统治重归于“天命”呢？中国历史上从来没产生某种和平的机制来实现之，除了以革命的方式——就是这些战争和起义。太平天国运动和后世普世主义革命都产生于中国传统的土壤，但也都带有显著的“现代”特征，都是拥抱西方文化、同西方文化接轨的普世主义革命。

现在历史学家往往倾向于以经济因素来解释历史事件。19 世纪中叶爆发的一场农民起义，当然存在经济原因，尤其是鸦片贸易盛行而造成的经济窘境。但天平军的兴起却明显与文化上的或称跨文化的因素相关，与一个秀才跟基督教传教士的密切接触相关。洪秀全出生于一个普通农人家庭。因为他从小聪明好学，家人省吃俭用供他读书，希望他能出人头地踏入仕途。洪秀全科举考试过了第一道关，成了秀才，可以教书做老师，但后来再考，考了四次都失败了。第二次赴广州再考时，他在街上碰到一位传教士发放传单，上面印有圣经的译文段落，他就收了传单放在包里。第三次科举考试失败后，洪秀全的精神濒临崩溃，晚上做梦开始出现幻觉。梦中有一位天父告诉他，天降大任于斯，要在他兄长的协助下，扫清一切邪教。洪秀全于是记起他收过的圣经传单，断然醒悟，认为梦中的天父就是上帝，兄长就是基督耶稣，而他就是耶稣的弟弟。于是他放弃了仕途之念，开始在当地社区和学校传教。第一批信徒大多是他的亲戚、族里乡亲等。1847 年，洪秀全和族弟洪仁玕到广州跟随美国南浸信会传教士罗孝全（Issachar Roberts，1802—1871）学《圣经》。后来他以郭士立（Gutzlaff，1803—1851）翻译的《圣经》为底本，自己编译了太平版《圣经》。洪秀全和他的信徒开始组织起“拜上帝会”，并烧毁儒教和佛教的典籍。

太平军起义爆发于 1851 年初，洪秀全宣布成立“太平天国”，自己为“天王”。1853 年，太平军攻占南京，定南京为太平天国首都。之后十年，南中国大片地区陷入战乱，半壁江山生灵涂炭，直至曾国藩率领的湘军重新攻克南京。

中国太平军骚乱之时，正是美国内战时期。历史学家都说美国内战是一场残酷血腥的战争，因为它使用了现代武器，并进行了大众动员。然而，它的残酷血腥和太平军起义相比逊色多了。19 世纪后半期中国同外敌发生的战争（如两次鸦片战争、中法战争、甲午战争）是双方士兵打仗，死伤相对有限，而太平军起义及其镇压都是全民动员，没有士兵和百姓的明确界限。美国内战的死亡人数是六十万，而太平军战事则是二千万至八千万。种族灭绝式大屠杀比比皆是。太平军攻占南京后，所有满人都遭屠杀，包括妇女和儿童，因为他们都是“魔鬼”。当然这不是唯一的大屠杀。1645 年清军攻克扬州时，连续十日对扬州居民不分男女老幼尽数滥杀。而曾国藩的湘军重新攻克南京时，又对太平天国里的居民疯狂滥杀。这种时候，儒家的仁爱和佛教的慈悲不知都到哪里去了。

那么，这场血腥的革命是为了什么呢？天王洪秀全，所谓“耶稣的弟弟”，自攻克南京建立自己的宫殿后马上就腐烂了。一方面，十年间他基本上不理政务，躲在后宫和妃子们厮混，和历史上最荒淫无耻的皇帝有得一比（正式的妃子洪秀全有八十八位，当时咸丰皇帝有十八位）。但这并不意味着他没有掌权。天国里的权力斗争亦是异常惨烈。东王杨秀清（1821—1856）实际处理天国事务，后来他宣称自己就是上帝，于是“上帝”和“耶稣的弟弟”陷入你死我活的权斗，结果杨秀清及其所有妻妾和孩子全部被杀。然而，如果没有允诺一个乌托邦天国的美妙图景，太平革命根本不可能发生。洪秀全允诺的愿景是一个纯粹的基督教天堂。如果说西方传教士的终极目的是要把中国变成基督教国土，那么可以说洪秀全在太平天国控制的地区实现了这一目标。在天国里，佛、道寺庙全部被毁，儒教以及其他民间教义也一律被禁。每一个人都必须“拜上帝”。太平版《圣经》是科举考试唯一的指导。在这方面，洪秀全非常纯粹，把他掌控区域内能找到的所有儒家书籍都没收了，一件件烧毁，不比秦始皇焚书坑儒逊色。太平天国里也是非常“干净”的：抽鸦片、抽烟、喝酒、赌博、卖淫、纳妾一律禁止，犯者死刑处置。这个太平天国还是一个无阶级的社会，绝对平等，人人过公社化生活。没有私人财产一说，一切都归国家，由国家支配。男女一律平等，但要分开生活，严格隔离，以防亲密接触。女人和男人平等，但她们要戴头巾把脸遮起来。我们也不能说太平天国就是西方中世纪式的神权统治，他们也有现代化蓝图，要造铁路、建全国统一的邮政等。总之，在基督福音的名义下，太平天国建立了一个极权的、极端军事化的超级国家。

太平天国之所以短命，有内部和外部两方面的原因。太平军一开始在南方所向披靡，势不可挡，而他们激进的文化宗教立场着实让士大夫阶层大为吃惊。如果太平军得胜推行其政纲，那就意味着整个儒学教义乃至中国人的生活方式都要被视为“妖魔”而被禁。这就变成了一个简单的生死战：要么儒家教义和生活方式是“妖魔”，要么太平基督徒是“妖魔”。八旗清兵曾经骁勇善战，但此时早已失去当年的战斗力，于是汉人士大夫自己组办地方团练进行自卫，曾国藩创建的湘军和李鸿章创建的淮军结集了足够的实力，终于摆平了太平军骚乱。其实最后击败太平军并非只靠士大夫聚集的地方实力。太平军兴起的直接导因是西方传教事业，而其最终失败很大程度上也要归功于西方的干预。有历史学家指出，当时双方在前线战事基本处于僵持状态，战争的最后结局实际上是由西方国家的“外交和军事干预而决定”。[1]尽管太平军和西方传教士有联系，但西方政府对这些自诩的基督徒叛军不以为然，他们最关心的是要保持中国稳定，才有生意做。当太平军攻打上海时，租界里的洋人自己组建了一支“洋枪队”，成功抵御了太平军的攻势。这支队伍后来被称为“常胜军”，起先由美国人华尔任队长，后来由英国军官戈登率领，成员主要由受过西方教官训练的华人士兵以及其他雇佣兵组成。“常胜军”的加入对最后战局的走势起到了关键的作用。

我们前面讲过，维系“中华盛世”的所谓“中国政制模式”是基于儒法合流的一套管治哲理。法家哲学使秦始皇一统天下，“焚书坑儒”，建立了一个超级国家。汉儒采

1 Stephen R. Platt, *Autumn in the Heavenly Kingdom: China, the West, and the Epic Story of the Taiping Civil War*, New York: Vintage Books, 2012, p. xxv.

取折中手段与法家合流，使“儒术”得以“独尊”，以后改朝换代也都没有改变这一以家 / 国为依归、以道统为手段的政制模式。然而，鸦片战争以后，儒家秩序受到严重挑战，中国文化不得不改道而行。中国文化应该如何应对西方文明的挑战，本来可以有多种选择，有不同的路径，走向不同的方向。现代中国也确实出现了许多不同的方案。很多人希望中国能够转化为一个基于个人权利和自由的“富强国家”。但是，一个被忽视的事实是：太平天国首先开出了跨文化的方案，借用基督教神权制建立一个极权的超级国家来代替儒家秩序。他们一开始很成功，搅动了半壁江山。但其最后的失败证明，也许这套方案来得早了一点。因为儒士阶层害怕他们又得经历一次秦始皇“焚书坑儒”的灾难，结集了足够的运力，拼死抵抗，并在“常胜军”的帮助下，终于躲过一劫。

长达十多年的太平骚乱虽然最后被镇压下去了，其后果之一却是儒士和儒术逐渐式微，无法再在中国现代性进程中发挥影响，这样也就为 20 世纪的国际共运在中国取得胜利扫清了一个障碍。

不断革命

曾国藩的湘军打败太平军之后，曾有手下将军建议他一路打上北京，乘势推翻清朝建立自己的朝代。从军事上讲，曾国藩当时是可以做到的，满族清兵享受了几百年和平安逸的贵族生活，都变得很有“文化”，不会打仗了。但曾国藩灭掉太平军后立刻解散了湘军。他是一位模范儒将，忠诚是其首要美德。其后，曾国藩尤其是李鸿章被清廷委以重任，推动“自强运动”，或称“洋务运动”，进行战后重建复兴工程，史称“同治中兴”。他们推出了一系列现代化措施，以扭转大清王朝的颓势。比如，专门设立了同文馆，负责翻译引进西方新知；专门派遣一批中国儿童赴美留学；建起了当时亚洲最大的海军，北洋舰队曾是洋务运动的骄傲。但是 1895 年甲午一战，北洋舰队被日本海军击沉，一切努力功亏一篑，付之东流。

虽然士大夫阶层能够云集足够的力量击败太平军，试图使中国“复兴”或“中兴”，从而走上现代之途（就像日本明治维新后所走的路），但他们明显步履蹒跚，力不从心。部分原因是十几年的太平军骚乱弄得家国满目疮痍，另一方面也是因为这批士大夫统治精英身上都有一种文化惰性，不足以担当迎接新挑战的重任。他们的文化知识背景无法使他们认清这场挑战的强度很可能需要对现状作出根本性的改变。洋务运动的主要推动者，如李鸿章、张之洞等，是最后一代儒士精英，这体现在他们不仅要对清廷保持忠诚，而且要捍卫中国文化的正统地位。他们对西方带来的挑战所采取的策略，用张之洞的话说，就是“中学为体，西学为用”，也就是说，尽量吸收西方先进的科学技术，同时在政治和文化上要保持中国的正统方式。这种二分法当然不可避免地产生紧张。第一批赴美留学生不久便被召回国，就是因为这些中国儿童在美国学校求学成长期间被发现越来越“不像中国人”了。中国在甲午战争中惨败，知识阶层震惊，自信心大受打击。从此以后，“革命”便成了主流共识，因为知识精英认识到，要在这个新世界生存，中国面临的不只是技术和军事上的问题，更重要的是政治和文化上的问题，由此而引向对儒学这个“本”发起全面的攻击。

第一场威胁到“中学之本”的革命是 1898 年由康有为和梁启超发起的“百日维新”，试图把中国的政体变成君主立宪制。他们劝导年轻的光绪皇帝发布了一系列新的政令，要在政治、文化、教育方面大动干戈，旨在推动君主立宪制。可是清廷并没有准备就这么轻易地放权。慈禧把皇帝软禁了起来，追杀这帮激进变革派人士，很多人不得不逃到日本避难。事后看，中国没能走上君主立宪制的轨道，对中国现代性的走向影响深远。从实际治理权上来讲，从天朝制转型为君主立宪制，这确实已经构成一场革命；但它仍然保持皇位，使其发挥巨大的象征功能，维系文化传承，可以使中国有序进入现代性，正如英国王室（以及战后日本的皇室）所展示的功能那样。可惜，文化延续性和稳定性不是现代中国文化的特征；相反，断裂和崩溃可能是更恰当的关键词。或者说，最主要的关键词是“不断革命"，"继续革命"，一个比一个更激进的革命。

戊戌变法者被流放到日本后继续宣扬君主立宪制，成了所谓的"保皇派"。其实，他们也是"革命家"，只是一批新的民族主义革命家此时已经涌现出来：1905 年孙中山在日本建立中国同盟会，即国民党前身，号召要"驱除鞑虏，恢复中华"。他们不再要皇帝，名义上的也不要，而是要建立"中华民国"，最终于 1912 年如愿实现。对民族主义革命家来说，族裔性可以用来作为攻击的武器（称满人为"鞑虏"），而中国传统文化则应该受到某种保护，应该被视为"文化遗产"以激发民族自豪感。他们的主要竞争者——共产主义革命家对此则嗤之以鼻。他们是普世派的国际主义者，号召通过阶级斗争为世界上所有民族和种族的人求解放，而中国传统文化在其中都是封建残余，必须被唾弃。20 世纪的中国很大程度上就是这两个革命家阵营在政治和军事上的恶斗。共产主义革命家最后取得胜利，其中关键因素在于整个现代中国知识思想上的激进化，而这首先要归功于现代中国留学生精英阶层的兴起。

戊戌变法者提出的一项主要革新措施就是废除科举制，以推动现代人文、科学教育。慈禧太后把光绪皇帝软禁起来，把维新派杀的杀、关的关，于几年之后的 1905 年自己推出"新政"，其中一项主要措施就是把科举制废了。这对中国现代性的影响至为深远。一千年以来，科举制培养出来的士大夫统治阶层一直都是“中学之本”的奠基石。儒学士仕一体，为士都要研读儒家经典，能写优雅的、声张道义的文章。到了清朝，入仕途的官职相对于庞大的读书人群已经越来越少，科举制已经充满危机。西方炮舰敲开中国的大门之后，知识领袖注重学习西方科技，比如如何造炮弹之类。1905 年之后，中国年轻人开始出洋留学以获取教育与文化资本，主要有两条路径：去东洋（日本）和去西洋(欧美)。去东洋留学的要比去西洋的人数多得多，因为去日本是捷径。很多人去的是军校，或学习科学工程类。而后，军人、科学家、革命家这些职业，将在现代中国挑战传统上由文人学士独霸统治阶层的状况。

当然，还是有很多留学生是研读文科的。从这批留学生中逐渐产生了一种想法，认为需要一场文化上的革命才能拯救中国，虽然中国历史上最后一个朝代已经被推翻，中国已经成了一个共和国。20 世纪第一个十年，由“文学革命”引起的新文化运动，或称“中国的文艺复兴”，界定了现代中国的文化生活。因此，文学的作用极其重要，现代中国作家承担了启蒙者的角色。一方面，新文化运动本质上是一场普世主义的运动，把各种新思想、新文本译介给中国读者。但另一方面，它也是一场激进的革命性运动，要使中国文化充分西化（如果不是全盘西化的话）。借用尼采的话说，就是要“重估一切价值”。也就是说，中国原有的文化价值必须进行重新评估，如果不符合新的文化价值，就必须被推翻。这不仅是指政治体制，而且包括文化生活的各个方面，比如妇女在社会中的地位、缠足、纳妾、家庭价值、教育、个人的观念、权利、自由等等。在新文化论者的攻击下，“儒学之本”终于坍塌了。

这批海归精英阶层主要分成两部分：留欧美派和留日派，或者更准确地说，应该分成留英美派和留日留法派。总体来讲，激进主义主要来自留日留法派。该阵营出了两位新文化运动领袖人物：一位是陈独秀（1879—1942），后来成为中国共产党首位总书记；另一位就是鲁迅，后来被誉为中国共产主义革命事业的伟大“旗手”。

陈独秀本来是由中国政府派往日本读军事预科学堂，后来受到社会主义思潮影响，积极参与留学生反清政府的革命活动。1915年，他回到上海创办《青年杂志》以推动“思想革命”，一年后杂志改名为《新青年》，成为新文化运动的标志性刊物。胡适倡导“白话”的“文学改良刍议”，就是经由陈独秀之手，变成了一个不容置疑的革命号召，掀起了一场影响深远的“文学革命”。陈独秀自己就是一位极富感召力的激进作家。他在为《青年杂志》发刊号撰写的发刊词中，用六个新旧价值对立的方式，“敬告青年”，要他们成为：自主的而非奴隶的、进步的而非保守的、进取的而非退隐的、世界的而非锁国的、实利的而非虚文的、科学的而非想象的。简而言之，陈独秀敦促道：“国人而欲脱蒙昧时代，羞为浅化之民也，则急起直追，当以科学与人权并重。”[1]也正是陈独秀把新文化运动的总诉求用拟人化的方式归纳为“德先生”（民主）和“赛先生”（科学），使它们成为现代中国两个最响亮的口号：“要拥护那德先生，便不得不反对孔教、礼法、贞节、旧伦理、旧政治；要拥护那赛先生，便不得不反对旧艺术、旧宗教；要拥护德先生又要拥护赛先生，便不得不反对国粹和旧文学。”[2]陈独秀在攻击传统时毫不吝啬，把它们都称之为“旧伦理”“旧政治”“旧艺术”“旧文学”。这样一个“旧”字威力无穷，蕴含了进化论、黑格尔哲学、社会主义理念所共有的“历史进步”观，在此照妖镜下，所有传统中国文化都是“封建”残余，因此都必须倒进历史的垃圾箱。孔子之道和现代生活（这是陈独秀另一篇文章的题目）根本就不相配。现代生活是由经济主导的，其根基必须是个人的自主性。而孔教不允许个人独立，其中心伦理是围绕家庭的：只要父母健在，你就不可能有经济独立。而在西方民主国家，家庭成员可以有各自不同的信仰，可以参加不同的政党，这在孔教体系中很难想象。妇女也可以参加各种社会活动，甚至参与政治活动，可在中国，我们还在提倡贞洁、禁止寡妇再婚、不让妇女参加社会活动。“孔子生长封建时代，所提倡之道德，封建时代之道德也；所垂示之礼教，即生活

1　陈独秀：《敬告青年》，《独秀文存》，安徽人民出版社，1987 年，第 9 页。

2　陈独秀：《新青年罪案之答辩》，《独秀文存》，第 242—243 页。

状态，封建时代之礼教，封建时代之生活状态也；所主张之政治，封建时代之政治也。”[1]

在攻击儒家文化方面，没有谁比鲁迅更为坚定、更为有效。在现代中国思想史上，鲁迅恐怕是中国传统文化最为彻底无畏的批评者。鲁迅成长于江南没落的士大夫家庭，其整个脾性完全是中式的，对自己的文化了解也很透彻，但因日本的留学经历及体验，对中国文化越来越感到疏异。前面讲过他在日本课堂里受到刺激，决定弃医从文，因为他意识到中国人需要拯救的是他们的头脑，而不是他们的身体。回国以后有十年的时间，鲁迅一直低调地在北洋政府做一名小官。当胡适和陈独秀在《新青年》号召“文学革命”时，鲁迅揭竿而起，写了小说《狂人日记》，立即被奉为现代白话文第一篇小说，被视为现代白话小说的创作典范，也使鲁迅成为整个白话新文学的开山鼻祖。

《狂人日记》表面上看就是一个“疯子”发疯时任意用白话写下的一系列“日记”，这些“日记”既不是每日记，也没有日期。该“疯子”或“狂人”，是叙述者孩时的朋友。在用文言文写的“序言”里，叙述者出场告诉我们，他这位朋友大概生了一场“迫害狂”之类的病，但现在“早愈”，已经在外地“候补”（等候做官）了。事实上，叙述者和“狂人”都可看作作者的声音。小说场景设在南方某村（就

1 陈独秀：《孔子之道与现代生活》，《独秀文存》，第85页。

像鲁迅的家乡一样)，而小说基本上没什么情节。表面看，这些日记好像是一个“狂人”的荒唐言，出现幻觉认为村里人人都要吃他的肉。事实上，读者马上便会意识到，“狂人”才是村里唯一的觉醒者，这个觉醒者只是有一些新的思想，就被村里所有人都认为“疯了”，因为它们违背“常理”——这个“常理”包括“吃人”。也就是说，村里所有人都是自觉不自觉的食人者，他们一直参与人吃人的盛宴不知有多少世纪了。

> 凡事总须研究，才会明白。古来时常吃人，我也还记得，可是不甚清楚。我翻开历史一查，这历史没有年代，歪歪斜斜的每页上都写着“仁义道德”几个字。我横竖睡不着，仔细看了半夜，才从字缝里看出字来，满本都写着两个字是“吃人”！[1]

把整个儒家文化指定为“吃人”，这是一个非常严重的指控，毕竟儒学的核心便在于对人的关怀，在于“仁爱”。当今西方自认为进步的知识分子，大概都知道像《鲁滨孙漂流记》里面所呈现的食人话语，那是西方殖民者为使自己的殖民合理化，用来描绘“他者”的惯用的典型话语。他们或许会非常惊讶，现代中国最为进步的作家怎么会把

1　鲁迅：《狂人日记》，《鲁迅全集》(第一卷)，第424—425页。

自己的文化指控为“吃人”呢。可这就是鲁迅勇于斗争的姿态，而且因此备受尊敬。鲁迅的作品对自我的批评毫不留情，其辛辣的笔锋正是其斗志的标识，所以鲁迅被誉为象征中国的“民族魂”。然而，《狂人日记》所描述的中国人的“灵魂”因几千年的人吃人的文化早就腐烂了，村民生活在一个自我封闭的社区里，除了内耗以外，对外部世界任何新的思想一概排斥。赵家人代表这个社区的权威和秩序。作者通过“狂人”要表明的是：社区里所有的人，包括“狂人”的兄弟姐妹，都是维系这个人吃人的秩序的帮凶。“狂人”对儒家秩序的指控是全面彻底的。这个村就是一个“铁屋”。不是你把它砸了，就是你在里面被窒息死亡。

“狂人”日记的最后一条写道：

> 没有吃过人的孩子，或者还有？
>
> 救救孩子……[1]

问题是，“狂人”自己并不是“孩子”，而且我们已经在用文言（代表“旧”的秩序）所写的“序言”中被告知，“狂人”现在已经不“狂”了，正在外地等候复职——要当官了，重新加入食人族的行列。

1　鲁迅：《狂人日记》，《鲁迅全集》（第一卷），第432页。

鲁迅把儒家道德指责为就是一个人吃人的谎言，那么，要打开窒息人的中国文化这个“铁屋”，唯一的出路就是必须砸烂它。现代中国青年就是这样被鼓励着去行动的：抛开传统的羁绊，去寻求“新的文明”的降临。经过陈独秀、鲁迅、胡适等新文化人士的集体攻击之后，儒教根基已经虚空，中国文化面临一个剧烈的转型。

继续革命

现代中国文化到底会被塑造成什么形式，新文化运动仍然提供了许多可能性，但是世界政治局势有力地加剧了其激进化的发展。在 20 世纪第一个十年，民主国家危机深重，陷入第一次世界大战的泥坑。1917 年大战期间，俄国共产党人成功发动十月革命。至此，共产主义不再是“游荡在欧洲的一个幽灵”，而是实实在在的、由国家支撑的国际势力。它马上就来到了中国。中国共产党于 1921 年成立，第一任总书记正是新文化运动领袖之一陈独秀。20 世纪 20 年代的中国又卷入另一场民族主义革命，而这一次，在孙中山联俄容共新政下，民族主义的国民党和新成立的共产党（第一次）联手合作。也就是说，1927 年的民族主义大革命，或称“北伐”，很大程度上依赖共产主义意识形态，起码是民族主义和共产主义的合流。两种意识形态在军事北伐还没取得最后胜利时就闹分裂，结果国民党血腥清洗共产党人，其后果是两方面的：民族主义者在军事上取得胜利，成功建立了南京中央政府，但失去了意识形态领域的战场。知识青年是北伐革命军的主干力量，民族主义的理由并没有使他们信服。相反，这场革命为中国打通了通往苏俄的捷径。作为自由派知识分子，林语堂从来都不属于共产主义阵营，但1930年他用英文写下了如下历史见证：

> 现在你只要去（上海）福州路的新书店转一下，你就会发现，市场上百分之七十的新书都和俄国、马克思，或者名为某某斯基、某某列夫的作者有关。要把最近两年译出的俄国作家的文学作品列个数目清单，恐怕哈佛或哥大俄国文学教授看了都会汗颜……因为俄国已经征服了青年中国，青年中国已经属于俄国。如果你认为今天青年学生的思想和意识形态跟1919年五四时期或者1927年民族主义大革命时期的一样，那很不幸你一定搞错了。青年中国在国民革命之后这三年内变红了。[1]

中共遭国民党清党后损失惨重，后来发动的一系列起义，也都失败了，只好带领自己的武装部队上山打游击，最后在江西建立了苏维埃共和国。在三十年代的中国，虽

---

1 译文转引自钱锁桥《林语堂传：中国文化重生之道》，第137—138页。

然中共在军事上不断遭挫，但他们把重心移向意识形态战场：国民党是“背叛革命”的“反动派”，中共是唯一能够继续进行革命（阶级革命）的进步势力。中共的策略是牢牢抓住意识形态，以便最大范围内取得大众支持，特别是青年的支持。由于军事上持续遇挫，中共最后不得不放弃苏维埃根据地进行“长征”，转战一年多，终于来到陕北边陲小城延安落脚。可是在意识形态战场，中共是打了胜仗的，其证明便是1937年全面抗战爆发后，有大量青年从上海等大城市奔赴他们心中向往的革命圣地。

意识形态战场主要是在文艺领域。1930年，左翼作家联盟成立，鲁迅被奉为名义上的精神领袖。在1927年民族主义大革命时期，鲁迅一直受到年轻左翼文人的猛烈攻击，说他“醉眼朦胧”，属于“旧世界”。鲁迅反驳了，但同时自己也补课研读马克思文艺理论，不仅翻译了许多俄国及东欧的文学作品，还翻译了马克思主义的理论文章。左翼作家联盟的诞生标志着左翼作家要在党的直接领导下团结起来以一个声音发声，以使中国人的思想能够统一在这个声音之下。首先要做的便是把鲁迅争取到自己的阵营。于是，青年马克思主义理论家对鲁迅的攻击被勒令停止。鲁迅出任领袖之后，成为最勇猛的战士，把自己的笔当作“匕首”一把把投向意识形态上的敌人。而鲁迅的“杂文”成为投向各种“敌人”头上最有力的“匕首”。

然而，20世纪30年代的文坛还远没有达到一致和统一。文学革命使当时某些作家（比如所谓“星期六派”或称“鸳鸯蝴蝶派”作家）边缘化，但同时也造就了许多不同派别的现代作家群。现代中国文学的一个主要特征便是涌现了各种各样的文人“社团”和文学“流派”。在自由派中，有胡适、徐志摩、梁实秋等主导的“新月派”，其成员主要是由一批留英美文人组成。他们当然不会跟着左翼作家联盟的旗帜起舞。事实上，徐志摩担任《晨报》编辑时便对左翼意识形态进行了尖锐的批评。梁实秋留学哈佛回国后，成了白璧德的坚定门徒，强调文学的纪律与传统。鲁迅与梁实秋展开了一场笔战，实际上也是公开宣布自己向左转，声称一切文学都有阶级性。但这场笔战完全不是知识意义上的辩论，不是就有关文学的性质和功能、有没有阶级性等各自不同的主张展开辩论。相反，鲁迅的“杂文”因其特有的隐蔽战术，读起来好像都是在讲一些不相关的事情，里面暗藏了许多隐射、暗示、姿态（比如称梁实秋为“梁教授”，虽然鲁迅当时已是青年崇拜的偶像人物，比梁实秋长二十二岁呢），然后笔锋一转，像“匕首”一样投向敌人的软肋。鲁迅对梁实秋的致命一击是把梁实秋骂作“丧家的资本家的乏走狗”，据说这充分体现了鲁迅笔锋的厉害。

另外还有围绕在林语堂周围的“论语派”。林语堂没有迎合时代的潮流。相反，他创办了一系列文学刊物，提倡幽默和闲适笔调，很受知识青年，特别是大学生的喜爱。这对统一意识形态的努力构成了挑战，左翼作家联盟还是决定对林语堂系刊物展开“围剿”，把幽默、闲适笔调等一概痛斥为资产阶级的“小摆设”，把林语堂提倡性灵表现美学讥讽为变态的、反动的，因为它就像辜鸿铭欣赏女人的小脚和郑孝胥倡导“王道”一样，而这时郑孝胥正担任伪满洲国的总理呢。[1] 这类“文攻”不只是一般的“匕首”，把把都是毒箭，而且还是从暗处发射出来的，因为这一连串笔伐都是用“笔名”发表，让林语堂摸不着头脑到底是谁在攻击他——而鲁迅和林语堂曾经还是好朋友！林语堂也给予了还击，明确指出把文学当成宣传工具非常危险，坚持要让文学和政治保留一定的“闲适”空间。把文学当成宣传工具，这并不是什么“时髦”“进步”的东西，反而让人嗅到很“旧”的酸味，这和正统的理学教条“文以载道”没有什么本质区别。

20 世纪 30 年代因 1937 年全面抗战爆发而提前结束。从四十年代延安整风一直到“文革”，这是中国革命的巅峰期。

* * *

“文革”以后，中国开始进入“改革开放”时期。百姓

1　参见鲁迅《天生蛮性》，《鲁迅全集》(第八卷)，人民文学出版社，2005 年，第 432—433 页。

的生活即将发生翻天覆地的变化，特别是在经济和文化层面。如果没有“开放”，改革根本没有可能。事实上，改革起自“解放思想”。就思想自由和文艺创作，20 世纪 80 年代几乎又经历了一次“文艺复兴”。可惜，也只是昙花一现，中国文化并没有彻底走出革命。

20 世纪 90 年代中期，中国两位知名知识分子李泽厚和刘再复联名著文，号召“告别革命”，认为中国文化要有一个健康的未来，必须告别革命。可是，中国文化真要能够告别革命，必须找到解决冲突、达成共识的和平机制。

第八章

中国崛起及其文化挑战

“文化大革命”于1976年被宣告结束，邓小平成为改革派精英的领袖，把中国推进了“改革时代”，把深圳部分地区“开放”为“经济特区”，用优惠政策吸引香港的资本家过来投资设厂。“改革”“开放”就是这么搞起来的。

经过四十多年改革开放，中国已经成为世界上的经济大国。如果你了解中国现代性的过程，知道在帝国主义列强威逼下追寻一个“富强”的国家曾是各路知识分子的共识，那你或许应该理解，为什么中国人现在为自己的国家在世界上所赢得的地位感到自豪。但是，与此同时，在全世界一片中国崛起的喧哗声中，我们更应该保持清醒的头脑：中国的“改革开放”仍是进行时，中国的现代性还没有完成。这主要是因为，虽然中国现在在经济上是个巨人，可在文化上还没有在世界展现与之相匹配的软实力。面对内外挑战，中国的经济引擎还将继续发力，然而在文化上，中国还远没有“崛起”到一个可维系的水平。中国能否成功地处理文化上的挑战，不仅关乎中国人，而且最终关乎整个世界。

在最后一章，让我们来讨论一下中国当今面临的文化挑战，以及中国文化可能的突破方向。

中国崛起及其文化因素

在四十多年的改革开放下，中国发生了巨大的变化。经济上的崛起堪称世界奇迹，要让世界上五分之一的人口脱贫不是一件易事。对于中国的经济起飞，有各种各样的文章剖析其成因和成本，我在这里主要讲几个文化上的因素。

实用主义

深圳市紧邻香港，现在已是中国四大超级都市之一（所谓北上广深）。深圳的崛起象征着改革开放下新的中国的崛起。改革开放前，深圳是一个毗邻香港的边陲小县，改革开放前曾经有好几波“逃港潮”，到20世纪70年代末，深圳原居民已不多，很多已经逃过去了。1980年8月，深圳宣布成立经济特区，开启了改革开放的时代。1992年邓小平南下深圳，发表重要讲话，明确表示必须继续改革开放的政策，肯定深圳特区的示范作用，从而让中国的经济发展一发而不可收。深圳曾经站在改革开放的第一线，创造了许多“第一”。20 世纪 80 年代初，中国大陆第一座摩天大楼“国贸大厦”以三天建一层的速度建成,被誉为“深圳速度”和新时代的象征。1990 年，第一家麦当劳在深圳落户，同年深交所开张，一时轰动。但最重要的是，邓小平对深圳说的几句话成为新时代的警句，象征了新时代的精神风尚，比如“时间就是金钱”“发展是硬道理”“让一部分人先富起来”。

这就是实用主义的风尚。邓小平的“改革”没有提出新的意识形态。相反，它特意避免谈任何意识形态，包括阶级斗争和“继续革命”的意识形态。这一步非常关键，不然“改革开放”不可能进行。换句话说,改革起步于“解放思想”，从而摆脱了阶级斗争意识形态的桎梏。某种意义上，中国改革开放的指导原则之一便是邓小平的名言：“不管白猫黑猫，捉到老鼠就是好猫。”“文革”以后对于猫要捉的“老鼠”到底是什么也终于有了共识：贫穷。因此，邓小平的实用主义就是搁置意识形态争论，不要去问经济改革措施到底是姓资还是姓社，只要它能为中国消除贫穷，让一部分中国人先富起来，那就干吧。

早在 20 世纪 30 年代，胡适就提出：中国面临的最大问题是贫穷。中国必须经过革命的破坏和创伤才重新回到这一认识，依赖的是实用主义的遗产，从某种意义上说，它是从儒家一直延续到现代的一个文化机制。毕竟，实用主义要求注重实际，做事要把握尺寸，要讲妥协，要讲合情合理，而最忌讳高大上的乌托邦理想。在西方人看来，最显突兀的是“让一部分人先富起来”这句话，这在西方政治正确的语境中简直不可思议。可是西方的政治正确也必须明白：阶级斗争的意识形态不仅几乎挖空了中国的传统，而且把一切理性都打烂了，于是疯癫、非理性当道。承认社会上有等级秩序，这本身就是老老实实承认人性的表现，也是儒家的基本要义之一。改革开放时期儒学有所复兴，在一定程度上自有其理由。

正是实用主义的松绑，把中国人的能量大大地释放出来。那时中国人开始可以开一个小店，开一家餐馆，还可以换工作，不用再在一个工作单位像一颗螺丝钉一样被终身“保护”。人们开始享有一定的个人自由，整个社会开始动了起来。中国在经济上的崛起主要就是靠释放中国人的能量，让中国人的生活获得一定的自由。但另一方面，中国目前面临的许多问题，其根源也来自这种实用主义。随着中国经济上的崛起，在城市和沿海地区产生了一个中产阶级，虽然比例还不大，但中国人口多，实际数量已很可观。但同时，贫富差距也日益明显。总体来说，城市和农村老百姓的生活比四十年前好多了，但因为贫富差距，他们很可能“感觉”不到这种好。随着商业主义大潮袭来，如同西方历史曾经历的，也必定会造成精神上的空虚。物质生活毕竟只是生活的一半，填饱肚子后，人还有思想，还有文化生活。没有谁可以违背这个道理，因为它就是人性。

教育

中国人看重教育，可谓根深蒂固。如果没有恢复中国文化对教育的尊崇风尚，中国的经济起飞也是根本不可能的。所谓“改革开放”，其划时代的标志便是 1977 年重新恢复高考，重开大学。而且，中国学生又开始被允许出国留学，无论是公派还是因私出国。这项改革措施对社会的转变举足轻重。正如传统中国的科举制，高考也是一个相当民主的机制，为广大学子成为社会精英提供了一个公平的平台。一般来讲，中国儿童六岁上学，中小学都是义务免费教育。最后有一次统一的高考决定是否能上大学、上怎样的大学，基本上不看家庭背景或出生地域，谁都有机会。大学文凭基本上就是中产阶层社会地位的通行证。

因此，改革开放后，教育又回到了中国社会的中心，中国青年又有了往上提升的公平机制。再加上计划生育政策的推行，一家只有一个孩子，中国的父母对孩子的教育可谓费尽心机，为了孩子的教育什么都可以做。竞争往往从上幼儿园就开始了。家长互相攀比，看谁家小孩上的兴趣班、补习班更多。高考那几天，全国的家长和考生处于精神高度紧张状态。当然，如今高考已不是唯一的出路了。随着中产阶级人数增多，许多家庭可以送孩子出国留学。现在中国留学生遍布全球，往往是当地国家人数最多的外国留学生。要说明的是，真正来自富裕家庭的留学生还是极少数，大部分都是来自中层、工薪阶层家庭，他们为了送孩子出国留学都得省吃俭用、精打细算过日子。

中国文化对教育的执着在移民家庭中也极为显著。比如，在英国，华人在学校的成绩，无论是“普通中等教育证书”（GCSE）还是“英国高考”（A-level），比任何其他族裔要高出一大截。媒体老是渲染中国和西方教学方式的差别：中国强调死记硬背，西方强调创造性思维，诸如此类。如此比较其实过于夸张了，孩子读书，特别是在小学，有些东西就是要死记硬背的。真正的差别是文化上的：中国家庭特别看重孩子的教育，舍得花本钱，无论自家背景如何，都想“望子成龙、望女成凤”。我们或许可以称之为“教授 / 外卖模式”。许多华人移民家庭本来都是留学生背景，教育水平高，他们当然希望子女上最好的学校。比较不为人知的是，还有好多华人移民，他们是南方地区农村来的，没什么文化，他们在海外通常唯一的生机就是开一个中餐外卖店，起早摸黑地干，但他们同样舍得花本钱让自己的子女上最好的私立学校。我自己的女儿上的是英国一所私立学校，而她最好的朋友就来自华人外卖店家庭。她在许多方面都比我女儿强。

家庭

上面讲教育时其实已经讲到中国的家庭。在英国以及其他西方国家，有些较为富裕的家庭也会资助孩子上大学，但那是少数。通常的文化惯例是，供养到十八岁，你就得自立了，包括你上大学的费用（申请政府的贷款，毕业后自己还）。中国的家庭可能永远不会这么想，虽然基本上也都认为到十八岁就算成人了（或许更为传统的标准是：男孩要结婚成家才算真正成人）。中国人的家庭观念要紧密得多，基本上维系一辈子。

家庭在中国经济崛起的过程中起到了重要的作用。这里略谈它的两个功能。中国社会关系网的核心是中式大家庭，然后延伸到亲戚（甚至是远房亲戚），然后再到同乡以及各种各样的社交联系（老同学、老同事、老战友等等）。华人移民社区也严格遵循这种关系网，这是他们在海外成功与否的先决条件（当然，他们到了海外还要靠自己拼命干才行）。在改革开放时期的中国也一样。如果做生意或经营公司，一旦碰到什么问题，很多中国人首先想到的是有没有“关系”把它搞定。所以，谁先富起来也就一点不奇怪了。因此，你也可以说腐败在中国是一个文化上的问题。

改革时期的中国，很多情况下是“适者生存”的丛林法则。激烈竞争下必有不适应的、被淘汰的，而且老龄化问题严峻，形成巨大的挑战。是中国的家庭承担了“免费”的福利安全阀。今天中国仍然有成千上万的“超级孝子”。女儿大学毕业工作数年后，把所有积蓄都给父母买房，这种事也不稀罕。之后她有了自己的孩子，可能又得操心为他们准备结婚房。大多数中国家庭成员会互相关照，但同时也给家庭成员间造成巨大的压力和焦虑。比如，要不要送年迈的父母去养老院就是许多家庭焦虑的事情。中国人通常都是在家照顾年迈的父母，但家庭成员要付出很大的牺牲。在个人尊严、照顾他人、自我牺牲、徇私舞弊之间，中国文化必须找到某种平衡点。

工作态度

中国人或许是世界上最勤劳的民族。中餐外卖店老板那种工作方式，不分周末假期地干活，可算典型的例子。但我们不能把它看成固定的文化特征。改革开放之前，城市中的每个人几乎都有一个“工作单位”，一辈子不能动。无论你工作如何卖力如何懒散，都不会被炒——所谓“铁饭碗”。

改革把“铁饭碗”砸了。如果没有释放工作的自由，经济起飞无从谈起。不仅城市工人可以换工作、炒掉自己的“单位”，全球资本也涌入中国开工厂，大量农村人口开始到城市打工，整个社会都动了起来。一小部分人移居世界各地做生意开中餐外卖店。大部分是国内移民，从农村来到城市的所谓“农民工”。中国现在被称为“世界工厂”，许多外资工厂都集中在深圳周围的珠三角地区。“农民工”来自全国各地，为工厂提供了可靠、耐劳、廉价的劳动力。某种意义上，中国的经济奇迹是这些“农民工”的血汗换来的。

海外华人

上文讲到，改革开放是被逼出来的，因为当时有大量大陆人逃到香港，边境地区的村庄都逃空了。于是改革派决定“开放”，让海外资本家来大陆投资。第一波跨过边境来到大陆投资的正是港台商人，而其中很多人其实都是早先从大陆逃难出去的。文化上讲，他们仍是中国人，特别是第一代移民。这种文化上的依附其实也不是中国文化所特有。二战前夕和期间，美国的日裔和德裔人口中，有大量人士对日本或德国表示同情甚至支持。现代中国历史上，海外华人在各个关键时期都发挥了重要作用。孙中山领导的民族主义革命一开始就是由海外华人资助，而且许多重要领袖人物也都是海外华人。这一次，海外华人又起到了关键作用。是他们首先带资本回来投资。中国现在两大超级发展区：珠三角和长三角，就有大量港台商人集聚。更重要的是，他们带来了经济起飞急需的技术和做生意的能力。正如中国人不是生来就勤劳肯干，他们也不是生来就有生意头脑。

我们必须抛弃这类文化本质主义的观念。苏联解体后俄罗斯经济之所以困难重重，其中一个关键因素就在于，当时的俄罗斯人已经忘了怎样做生意。在“文革”刚结束时，中国人也一样。但中国人很幸运，有大量海外华人重新给他们做榜样。我住香港时，曾经有一次请一位当地的装修师傅到家里做一点装修的活。他不无怀旧地告诉我，他事业的顶峰在八十年代初，当时他被一个大公司聘请做工头，为一家广州的豪华酒店装修。他负责指导一帮当地工人，那时他是手把手地教他们如何铺地砖等，因为当地工人什么也不会，什么也做不好。可是几十年过后，他们都有自己的公司了，不再需要他了，所以他现在回到香港，接一点散活，有一顿没一顿的。中国的经济崛起也要感谢这位香港人以及像他这样的海外华人。

中国的软实力在哪儿？

19 世纪末，当时知识界的领袖人物张之洞曾哀叹道，中国文化面临前所未有的危机，试图把坚守“中学为本”作为是否是中国人的标准。一个多世纪过去了，中国文化比张之洞想象的似乎更有耐力，也更有弹性。其耐力体现在，不仅对变化有足够弹性，而且又有自我保存的韧性。一个多世纪的现代性经验给中国文化带来了巨大的变化，但是通过自我调适和适应，正如上文简略探讨中国文化在中国经济崛起中所扮演的角色那样，中国文化顽强地延续至今。但另一方面，今天的中国文化和一百多年前一样仍然面临着危机，尽管经济上的发展引人瞩目，但中国文化在世界上的吸引力急需提升。一个超级经济大国须有与之相配的软实力。

孔子有句名言："远人不服，修文德以来之。"我们今天看中国文化和探讨文化软实力，这句话仍然是我们智慧的来源。在我们这个全球化时代，文化之间交融碰撞乃常事，中国文化的短板也表露无遗：中国文化还没有真正赋予一个普通公民自由的权利以及相应的自我管治的权利。

为了把中国文化推入现代，新文化运动提出了两个口号：德先生和赛先生。中国经济上的崛起要归功于改革开放后对"赛先生"的重新重视和尊重。但"德先生"还不能与"赛先生"相匹配。中国文化要克服自己的短板，"修文德"以重启，我们必须反省我们的现代性经验。有时，批评睿见可以从对手的推理中获取灵感。要探讨中国文化的短板问题，我们可以从辜鸿铭的反论着手，因为辜鸿铭可算是现代中国知识分子中最为"反德先生"的批评家。

在其英文名著《中国人的精神》中，辜鸿铭试图界定什么才算"真正的中国人"。他用的英文词为"the real Chinaman"[1]，因为"真正的中国人"体现了"中国式的人性"，

1　Gu Hongming (Ku Hung Ming), *The Spirit of the Chinese People*, 1915.

所以该文最终也是要揭示中国文化的真谛（英文书扉页有中文书名：《原华》）。辜鸿铭指出，“中国式的人性”正在消逝，取而代之的是一种新的进步型人性，体现于“现代中国人”身上，而他著文就是要为“中国式的人性”“真正的中国人”一辩。“真正的中国人”的宝贵之处在于，中国人的生活随心讲情，但同时又富有高度的“理智能力”。在西方，宗教满足了人们心灵上的需求，哲学则满足了人们理智上的追求，可是两者往往打架。中国人则可以做到心灵和理智完美结合。这是因为中国文化既有宗教又有哲学的功能，一个能使心灵和理智完美结合的文明培育出了“真正的中国人”。使这种完美结合成为可能的秘密，也就是中国文化的秘密，也是为什么中国文化不需要西方意义上的宗教,却又能起到替代宗教的作用。这个秘密叫作“名分大义”，辜鸿铭用英文译为“荣誉和责任的原则”。这是孔子教给中国人的最重要的东西。

芸芸众生有宗教的需求，因为面对自然界的神秘莫测，面对人生的残酷无情，西方人认为需要宗教提供安全感和稳定感，是宗教为他们提供了安全而稳定的避难所：把信仰寄托给超自然存在和未来生命。中国人则不需要宗教，因为他们已经在儒家的“国家宗教”中找到了安全感和稳定感。孔子教授的哲学道德思想体系，概括起来就叫“君子之道”，孔子把它塑造成一种国家宗教。其核心就是荣誉和责任的原则——对皇帝的责任，对皇帝的绝对忠诚。孔子晚年作《春秋》，详细记录鲁国的真实历史，使弑君篡权行为曝光于天下，让“乱臣贼子惧”，从而阐释了这一原则。这种“国家宗教”和家庭观念捆绑在一起（所以中国文化有“祖先崇拜”），使中国人不仅成为“好人”（善良的人），而且要成为“良民”（好的臣民），因为他的安全感和稳定感是和一系列伦理关系紧密连在一起的：和自己的子女、自己的妻子、自己的父母，最终和皇帝连在一起。

辜鸿铭进而阐释道，这种体现于能使心灵和理智完美结合的中国人身上的中国式人性，其实是很现代的。他引用阿诺德的话说：“晚期异教徒的诗通过感官和理解来呈现，中世纪基督教的诗则通过心灵和想象。而现代生活的精髓、现代欧洲的精神在于：它既不是感官和理解，也不是心灵和想象，而是带想象的理性。”辜鸿铭总结道，中国人的精神恰恰提供了这种“带想象的理性”。因此，辜鸿铭呼吁世界要看重“真正的中国人”的价值，好好爱惜之，而不是“忽略、蔑视、摧毁”之。至于“进步型中国人”，他们已经把绝对忠君抛到脑后，已经不遵守“荣誉和责任的原则”，他们“已经不再是真正的中国人了”。

为了捍卫“真正的中国人”，辜鸿铭毅然以殉道者自居。对辜鸿铭来说，这可能充满悲壮的英雄感，可对中国文化及其现代转型并没什么建设性意义。辜鸿铭有足够的理由为“真正的中国人”的消逝而愤慨、惋惜。但一个多世纪之后，今天仍有十几亿中国人，他们也都是真实而存在的，几个世纪之后恐怕仍然如此。但问题是，在21世纪乃至以后会有什么样的中国文化，以及这种文化会养育什么样的中国人。"我死之后，只有洪水滔天"，这种姿态不仅于事无补，甚至还会有反作用。1915年辜鸿铭对赋有绝对忠君之荣誉和责任感的"中国人"最后注目时，中国已经成了一个共和国，或者可以说，皇帝的头已经被砍了。不过，我们今天重读辜鸿铭的雄文，回看中国现代性经验，仍然不禁唏嘘。毕竟，文化特征不会一夜之间消失。即使皇帝的头被砍，也并不意味中国文化对皇帝的依赖性就随之消失。如果我们没有找到另外的文化机制替代之，它就很可能以另一种变种方式出现，20世纪在世界上广为流行的个人崇拜可以作证。

辜鸿铭未能理解的是：中国文化不会消失，也不会那么容易死亡；它一定会转型和被转型。问题是如何转型，以及转型为什么样子。"洪水"之后也不会有真空，不是长鲜花就是长杂草。如果我们想要前者而不是后者，我们可以在辜鸿铭的普世式比较视野中找到线索。辜鸿铭把孔子的《春秋》赞誉为"中国的《大宪章》"。[1] 把《春秋》和《大宪章》如此关联，很让人惊讶，但也很有启示，因为它们刚好走向截然相反的方向。《大宪章》被公认为现代自由民主制的奠基石。它源自13世纪的英国，当时英国国王

1 Gu Hongming (Ku Hung Ming), *The Spirit of the Chinese People*, P41.

和反叛的贵族之间约法三章，互相界定各自的权限。这个宪章确定国王不能非法监禁贵族，不能随意向贵族征税，不能随意侵犯教会的权利等。贵族拥有受保障的权利，也就意味着国王已经失去了“天赋神权”。国王也不能把一个他不喜欢的贵族任意关进监狱，这一条在“人身保护令”制定时得到进一步发扬。所谓“人身保护令”是一系列旨在保护任何普通人人身自由的法令：如果没有经过法庭的适当程序，国王不能随意把任何臣民关进监狱。从《大宪章》和“人身保护令”，再经过英国1689年人权法案、美国宪法及其相关的人权法案，英美文化找到了一个新制度的奠基石：人。这个新制度不仅为芸芸众生提供了安全感和稳定感，而且确保了他们的自由。他们被信任有能力自治，政府做的一切都要为他们着想，为他们服务，不仅如此，这个政府本来就是他们的，由他们自己组成。他们被认为生来就平等，生来就被赋予一些不可剥夺的权利，包括“生命、自由和对幸福的追求”。当然，这些权利的核心便是政治上的自治权，还政于民。对“人”赋予如此信任，这是人类智慧非常大胆的跃进。它也不是一朝一夕突然出现的，而是经过好几个世纪的不断争斗努力得来。19世纪时，“人”逐渐变得没有阶级性：以前人权倾向于贵族和特权阶级，而此时在英国经过一系列改良法案，工人阶级最终获得平等的投票权。到20世纪初，“人”开始包括妇女，她们在争取普选权斗争中取得重大成果。到了六十年代，民权运动又取得重大收获，“人”跨越了种族藩篱，开始包括黑人及其他少数族裔。这种人权观，源自《大宪章》，经过在英美的发展，现在已经传播至全世界，被绝大多数国家和人民所接受。一个有了这些权利的“人”，同一个没有这些权利的“人”相比，要尊贵许多。经济上的富足当然很重要,但不能把它当作目的本身。一旦“人”被赋予自由，没有什么可以取代它。这就是为什么中国现在虽然在经济上已经崛起，但中国文化的软实力急需提升的原因。

要使中国文化重获吸引力以发挥其软实力，没有他法，唯有重组中国文化的机制，把绝对忠诚和信念置于被赋予自由和其他不可剥夺的权利的（个）“人”。辜鸿铭认为中国文化要么坚持对皇帝的绝对忠诚，要么就消亡，这显然有误。一个多世纪以来，中国文化经历了巨大的变化。回望历史，如果中国文化的转型走上类似英国的君主立宪制，在人权被置于中心地位之同时，王室保留君权象征意义，继续发挥文化上的象征意义，这或许会是一个相当不错的选择。然而，中国现代性的主脉是一波接一波的不断地激进化，追求越来越玄乎甚或被扭曲的“进步”，导致革命一个接着一个。经过一个多世纪的现代经验，我们可以清楚地看到，中国文化的重生不仅可以而且也应该走上不同的路径,把人的权利置于中流砥柱地位,中国文化之“文德”便焕然一新，重具吸引力。这是中国文化最具吸引力的大道，而且也是完全可行的。东西方对峙的二分法——你有《大宪章》，我有《春秋》——毫无益处。儒学本来就是开放的、普世性的体系，历史上曾和道教、佛教共处。鸦片战争后，西方文化传播到中土，虽然伴随着鸦片贸易和船坚炮利，中国知识分子的反应大体上都是适应和同化，而不是抵抗。辜鸿铭蔑视的那些“进步型中国人”本来就是儒士，其中大部分人都成功参加过科举。虽然西方传教士在传播新知、打开中国人的眼界方面功不可没，最终还是由受过教育的中国士人推动变革把中国推进了现代性。第一次变革运动就是由康有为及其弟子梁启超带领。尽管他们在政治上失败了，但他们的启蒙思想整整影响了一代中国士人。当时最有代表性、最具影响力的著述是梁启超的《新民说》，他呼唤一种新的中国人——“新民”的诞生，这种“新民”须是具有公共意识的公民，而不再是只有私德的“私家人”。和辜鸿铭不同，梁启超认为中国文化面临的最大挑战在于缺乏公德，而没有公德心的人民很难称得上是现代意义上的“公民”。这一见地并没有导致与中国传统一刀两断的二元分裂。梁启超没有把传统中国文化或“三纲五常”看作“本”，也没有把来自西方的文化思想看作“用”。由此看来，“进步型中国人”其世界观都是普世式的。另一个典型例子是第一任驻英大使郭嵩焘。郭嵩焘早年曾追随曾国藩攻打太平军，后来成了第一个被官府派往西方生活工作的士大夫。在英国，他特别注重考察其政治体制，发现议会制下政府和老百姓之间的沟通也非常有效，颇为赞赏。他非但没有觉得英国的君主立宪制为“夷”、为“异类”，而且认为，如果孔孟见到此状一定同样欣赏。辜鸿铭在其英文著述中为中国人的辩护铿锵有力，但在其中文著述中则往往对中国人有辛辣的讽刺。有一次辜鸿铭痛批中国人看戏时的不文明行为，写道：“尝闻昔年郭筠仙侍郎名嵩涛，出使西洋，见各国风俗之齐整，回国语人曰：‘孔孟欺我也。’若郭侍郎者，可谓服人之善，而不知己有一毫之善，是之谓上流人物。”[1]

因此，正如梁启超指出的：“新民云者，非欲吾民尽弃其旧以从人也。新之义有二：一曰淬厉其所本有而新之，二曰采补其所本无而新之。”[2]面对现代的挑战，“旧”的中国文化确实需要重新调适，“淬厉其所本有而新之”也是完全可行的。从现代的视角看，儒学中的孟子流派尤其显得重要，因为它强调“天下为民”。就“民治”维度看，中国文化通过科举制也发展出一套文治传统，它基本上是一种民主的机制——基于机会均等的教育和精英制度。更重要的是，中国文化根本上是人文主义文化，在通向现代性之途上没有任何宗教的负担。在西方语境中，现代性主要是要消除宗教势力的主导地位。在西方，经过长期博弈，最

1　辜鸿铭：《张文襄幕府纪闻》，《辜鸿铭文集》（上），黄兴涛等译，海南出版社，1996年，第416页。

2　梁启超：《新民说》，中州古籍出版社，1998年，第54页。

后宗教改良运动达至突破，然而，辜鸿铭会说，其后果之一便是导致心（灵）脑（理智）脱节。现代性被强加于非西方地区（如中东）时，宗教冲突往往凸显在前。而中国的现代性则没有这层忧虑（无论是好是坏）。中国的关键问题在于，正如辜鸿铭所揭示的，要不要砍皇帝的头。而现代中国的经验也显示，即使这一点也不是太难的事，大清王朝最后自己分崩离析了。在当时，君主立宪制看起来也许是中国文化转型的一个比较好的方案，但实际上或许更难操作。因为孟子的天命论传统还在起作用：中国的皇帝来来往往，谁都可以做，一旦丢掉天命，就得被推翻。新的皇帝再想披上黄袍几乎已经不可能了，除非他改头换面，以另一种伪装来实施皇权。

因此，为了防止“假皇帝”再来兴风作浪，中国文化必须重新找到被掏空的轴心——它必须是“人”。正如孔子潜心编修经典、实证记录历史，从而使中国文化走向复兴之路，对人的信念一旦建立起来，中国文化便可走上现代重生之道。其实，我们并不需要有孔圣人那样的智慧才能看到这一点。许多现代中国知识分子都曾看到并倡导（个）“人”在新的文化蓝图中的中心地位。不幸的是，在现代中国经验中，人的观念被一种群体的概念绑架挟持和超越了。梁启超设计新型的中国人时，很清楚地表明“权利思想”不是中国文化固有但又必须采纳的要素。梁启超阐述了“新民”所应有的一系列特征：公德、国家思想、义务思想、合群、进取冒险精神、自由、权利思想。他采纳了人生来就拥有一些不可剥夺的权利的思想，并认为新型的中国人必须享有同样的权利，只有这样才能提升中国人的地位："欲使吾国之国权与他国之国权平等，必先使吾国中人人固有之权皆平等，必先使吾国民在我国所享之权利与他国民在彼国所享之权利相平等。"[1]不过，问题也出在这里。梁启超其实没有把人的权利放在绝对核心的地位，他更看重的是公德、国家思想、义务思想，以为它们更能为"强国"直接出力。梁启超最关心的是：中国人必须从"家族伦理"中发展出"社会伦理"。他把儒家"五常"（旧伦理）按"家族伦理""社会伦理""国家伦理"重新整理，发现旧伦理在"社会伦理"和"国家伦理"方面有很大缺陷，因此他引进了"群"和"进步论"两个概念以夯实"社会伦理"和"国家伦理"。因此，梁启超的"新民"方案实际上向一种集体概念倾斜，其终极目的就是要强国。《新民说》讲的大多是新型中国人应该怎样：他们应该具有公德心，应该爱国，应该有义务思想，应该具有进取冒险精神，等等。梁启超说"新民"而不是说"新人"，恐怕也不是偶然的。但是，没有人的天赋权利的国家伦理不仅站不住脚，而且很危险。现代中国经验已经给了我们许多教训。民族主义有其存在的理由，但从人权滑向"群权"，代价极其惨重。

1 梁启超：《新民说》，第96—97页。

经过现代中国的惨痛教训之后，我们现在更应该聆听胡适的忠告：

> 现在有人对你们说："牺牲你们个人的自由，去求国家的自由！"我对你们说："争你们个人的自由，便是为国家争自由！争你们自己的人格，便是为国家争人格！自由平等的国家不是一群奴才建造得起来的！"[1]

如辜鸿铭所示，孔子重新阐释经典而把忠君置于主导地位；而如梁启超所言，一旦中国文化以赋予人的权利为奠基石，把"人"置于核心地位，中国文化的其他方面亦可随之调适"而新之"。比如，一旦人的权利被置于枢纽地位，法家的许多原则亦可获得崭新的含义。我们前面讲过，法家的终极目的是要巩固帝王的绝对权力，但现在皇帝的头已经被砍掉了，这在现代中国文化的转型中已经完成，在此基础上，法家理念反而呈现出其价值，因为其主要理念就是人人平等：不管你是贵族还是平民，在君王底下一视同仁。儒家讲仁治 / 人治（君子之道），法家则讲法制。正如林语堂指出的，"法家理念假定每一个官员都是歪瓜裂枣，于是在政治体制中订下规则以防范他们的不轨行为……正如

1　胡适：《介绍我自己的思想》，《胡适文集》，第 511—512 页。

韩非所说，我们不期望他们做好人，但我们要让他们没法做坏人。这就是法家哲学的道德基础”。[1]如果在实践中这套理念能严格执行，无论奖赏或惩罚都一视同仁，不看你的社会或教育地位，那么，这就是法律的精神。在重生的中国文化里，法律的精神将会代替家庭成为文化最基本的文脉，而传统的法家思想也可以改头换面成为重要的资源。

但这也并不意味着像家庭这类传统的儒家思想就会消失。事实上，儒学在今天可以复兴成为中国文化重要的保守力量。这首先是从现代中国经验中得到的重要教训。近代中国最终走上激进的路径，从某种程度上说也是因为近代中国严重缺乏保守势力。新文化运动不仅呼唤“德先生”和“赛先生”，同时还全面反传统，号召“重新评估一切价值”，而且在这方面很有成效。比如就拿辜鸿铭来做例子。清朝被推翻后，辜鸿铭一直留着他那条辫子，把它作为忠君和“真正的中国人”之精神的象征，这在当时已经被视为异类，受到各种讥笑嘲讽，没多少人真正愿意读一下他的著述（大多以英文写成，还有一些以文言文），然而出了各种各样的辜鸿铭传记，把他描绘成一个小丑式的人物。可是辜鸿铭是一位真正的保守派——一位英式的保守派。辜鸿铭和严复是同代人，严复赴英留学时，辜鸿铭已经从爱丁堡大学毕业。严复译介了斯宾塞、赫胥黎、穆勒，这

1 林语堂：“Han Fei As a Cure for Modern China”，《小评论：林语堂双语文集》，第54页。

些都是自由进步派思想大家，而辜鸿铭承继的是维多利亚时代另一类重要的思想家：阿诺德、卡莱尔、罗斯金、纽曼等，他们强调“文化”在现代转型期间的重要性。一个健康的自由民主政体必须依靠两者之间的互动，即所谓“进步”和“保守”两派之间的互动。一位保守主义者并不意味着他对每一个进步的观念都反对，但确实意味着反对“进步”这一概念本身。中国现代性的问题是“进步”观所向披靡，基本上没什么保守机制来发挥制衡作用。因此，谁都想证明“比你更进步”，于是不断激进化，打开了通向革命的捷径。回头看一看中国文化所遭遇的灾难，我们今天重新建构中国文化之走向时，应该多听听保守主义的声音。

其实，海外华人在英美政治框架中，绝大多数人都是共和党或保守派，起码从他们的社会价值观上来讲是如此。我们上面讲到，像家庭、爱国、教育等保守主义价值在中国的经济崛起中发挥了很大的作用。移植至英美语境下，这些价值乃华人成功的重要因素，使海外华人突显其比较优势。当然，这些价值必须在以人权和法治为基石的前提下重新调适“而新之”。不会再有家族主义和大家庭制，无论在海外还是国内，中国人的家庭基本上已经是以核心家庭为主了，虽然在小家庭内部以及核心家庭和大家庭之间的关系仍然比较紧密。总体来讲，这种现代转型并不是坏事。就国内情况来讲，一位真正的保守主义者的责任或许不在于强调家庭的重要性，而是要在传统的家族主义与现代进步派对家庭的解构之间找到平衡。至于教育方面，海外华人在此方面的优势非常明显。科举制已经被废弃一个多世纪了，受教育已经不再等同于踏入仕途。尽管如此，中国家庭对教育的重视仍然一如既往，在中国，中小学教师在社会上享受的尊敬要比在西方国家多许多。今天中国文化在教育上的问题不是教育受不受重视的问题，而是要什么样的教育。在传统体系中，教育本质上是道德教育，要读儒家经典并通过科举考试；同时，它也是一种精英教育，只有少部分男性参与。今天中小学实施免费义务教育，早就男女同堂，所学科目也早就开放，尤其倾向于“赛先生”。随着科学领域相对成功，特别是在改革开放时期发展不俗，也带来另外一种风险：已经出现头脑（理智）和心灵（情感）分裂的状况，远比辜鸿铭所批评的西方现代性更严重。抛开政治意识形态不论，中国的学校和大学与西方的并没太多区别——都是生产知识的场所，跟人的心灵实在没什么关系。

但是，人不可能是非道德的。道德乃人作为人的基本要素。当我们憧憬后革命时代的中国社会时，我们可以看到儒学仍可以扮演重要的保守势力。人们在认识上往往存在一个误区，以为民有、民治、民享的政府就是靠法治；其实，光靠法治是不行的。法治可以保障人权，但并不一定能给你带来“生活、自由和幸福”。一个民族的福祉还需要文化上的激励机制，王室所象征的传统礼仪以及宗教社团所扮演的角色，都起到这方面的作用。这就是为什么辜鸿铭执意弘扬儒家“名分大义”（荣誉和责任的原则）的理由。确实，荣誉和责任仍然是英国民主制的核心价值。中国文化要获得重生，儒学必须找到重新把荣誉和责任的原则嵌入中国文化的办法。当今中国最缺的正是荣誉和责任感。生活水准的提高并没有和道德水准的提升同步。相反，缺德、毫无荣誉和责任感充斥社会肌体。这不是说中国人特别缺乏道德感，绝不是这么回事，而主要是因为某些历史或是非长期被扭曲，于是也就习惯于“指鹿为马”。这个成语来自《史记·秦始皇本纪》。秦始皇一死，实际权力就落到宰相赵高手上，因为秦二世是个草包。但他仍不满足：

> 赵高欲为乱，恐群臣不听，乃先设验。持鹿献于二世，曰：“马也。”二世笑曰：“丞相误邪？谓鹿为马。”问左右，左右或默，或言马以阿顺赵高。或言鹿者，高因阴中诸言鹿者以法。后群臣皆畏高。

> 赵高想篡位自己做皇帝，担心群臣不听从，便先做一个局。某天，他牵了一头鹿进殿，对秦二世说：“陛下，献给你一匹马。”秦二世笑道：“丞相你搞错了吧？怎么把一头鹿说成一匹马呢？”赵高回答道，“没有啊！这就是一匹马嘛。不信你可以问大臣们！”秦二

> 世于是问左右大臣，有的沉默不说，有的说是马，阿谀赵高，也有的说是鹿，这些人事后统统被赵高以莫须有的罪名绳之以法。此后群臣没有不怕赵高的。

皇帝的头在现代中国文化转型中被永久移除了，当今儒家对此应该欢呼，并身体力行对权力说真话，努力复兴儒家的"名分大义"——荣誉和责任的原则。在这方面，儒士有很长的传统，应该以此为傲。没有皇帝也没有王室，"历史"可以成为捍卫和维系荣誉的有力机制。正如孔子所启示的，不管有人怎样扭曲是非、指鹿为马，历史总会有办法给予他们应有的审判。

辜鸿铭在总结其所谓"中国人之精神"时引用了阿诺德的"带想象的理性"的概念：

> 中国人之精神，正如其最佳的文学艺术作品所展示的那样，就是阿诺德所谓的"带想象的理性"。[1]

我们也可以把这种展示于"最佳的文学艺术作品"的"带想象的理性"称作"生活美学"。中国文化，集儒道佛为一体的传统，可以为达至幸福的生活美学提供丰富的资源。这也是林语堂在 20 世纪曾经非常成功地译介给世界的

1 Gu Hongming (Ku Hung Ming), *The Spirit of the Chinese People*, p. 71.

所谓中国文化的“抒情哲学”。中国文学艺术的最佳作品，如陶渊明、苏东坡的著述，释放出自由的精神、对生活的热爱以及对人生宽容反讽的态度，其背后是一种深邃的“达观”哲学，一种“基于带有智慧的祛魅”的达观哲学。关键在于“带有智慧的祛魅”。“祛魅”是西方后启蒙哲学家常用的词汇，以揭示现代人的异化感，也就是辜鸿铭所说的大脑与心灵的分裂。林语堂用“带有智慧的祛魅”一词，声称中国文化从悲剧水准提升到了喜剧水准，从而克服了这种分裂。中国诗人深知人生的悲剧性，但是，他们不仅仅是“祛魅”，而且能笑对人生的种种不幸。幸福和安乐永远都是宽容的反讽。宽容则产生合情理之理解，对人生的悲剧和喜剧便可把握自如，因此中国人也自然能比较宽恕和同情他人。林语堂把儒家的人文传统解释为“合理性的精神”，这和阿诺德的“带有想象的理性”遥相呼应。和笛卡尔式的理性不同，儒家的“合理性”总是充满人性味道。在此意义上，“圣人也就是一个合情理的人，就像孔子那样，他受人爱戴的主要原因就是他所展示的普通常识和平易近人的人品——他那伟大的人性”。[1]

有这样一种文化，本来就把“人性”置于如此崇高至上的地位，不应该等太久把人的权利置于其中心枢纽地位，让人享受他们应得的自由。一旦自由之神降临，再加

1　Lin Yutang, *The Importance of Living*, p. 423.

上诗意的生活美学，以及合理性的幸福观，到时中国文化或许真可以向全世界昭示其“文德”。到那时，做一个中国人一定真不错。

始于一页，抵达世界

Humanities · History · Literature · Arts

出品人　范新
特约编辑　任建辉
营销总监　张延
版权总监　吴攀君
印制总监　刘玲玲
封面设计　陈威伸
内文制作　燕红

Folio (Beijing) Culture & Media Co., Ltd.
Bldg. 16C, Jingyuan Art Center,
Chaoyang, Beijing, China 100124

一頁 folio
微信公众号

官方微博：@ 一頁 folio ｜官方豆瓣：一頁 folio ｜联系我们：rights@foliobook.com.cn

图书在版编目(CIP)数据

中国文化通识：人性与现代性 / 钱锁桥著. —沈阳：辽宁人民出版社；桂林：广西师范大学出版社，2021.9

ISBN 978-7-205-10241-8

Ⅰ. ①中… Ⅱ. ①钱… Ⅲ. ①中华文化 Ⅳ. ①K203

中国版本图书馆CIP数据核字(2021)第141001号

出版发行：辽宁人民出版社

地址：沈阳市和平区十一纬路 25 号　邮编：110003
电话：024-23284321（邮　购）　024-23284324（发行部）
传真：024-23284191（发行部）　024-23284304（办公室）
http://www.lnpph.com.cn

印　　刷：北京九天鸿程印刷有限责任公司
幅面尺寸：130mm × 203mm
印　　张：8.75
字　　数：153千字
出版时间：2021年9月第1版
印刷时间：2021年9月第1次印刷
责任编辑：盖新亮
特约编辑：任建辉
封面设计：陈威伸
版式设计：燕　红
责任校对：刘再升
书　　号：ISBN 978-7-205-10241-8

定　　价：58.00元